urg
Weimar
Gera
Jena
Dresden
Oberwiesenthal
chweinfurt
Nürnberg
Regensburg
Passau
Donau
München
Rosenheim
Burghausen
hwanstein
Königssee
Garmisch-Partenkirchen
tdorf

Unterwegs in Baden-Württemberg auf dem Weg nach Stuttgart

MAXIMILIAN SEMSCH

#what a trip

7500 RADKILOMETER, 200 NEUE FREUNDE, 16 BUNDESLÄNDER

EIN ABENTEUER

BRUCKMANN

Inhalt

Vom Weltenbummler zum Deutschlandentdecker 6

Start der Reise 12

Das hatte ich mir anders vorgestellt 14
Von Österreich umzingelt – Das Berchtesgadener Land 17
Mitten in Niederbayern – Die längste Burg der Welt 18
Drei Flüsse und viele Sehenswürdigkeiten 23
Natur und Kultur entlang der Donau 24
Mit alten Freunden durch Nürnberg 29
Mainfranken und schon wieder Bratwurst 30
Letzte Nacht in Bayern 35

Unbekanntes und vielseitiges Ostdeutschland 36

Das geteilte Deutschland 39
Da hab' ich im Geschichtsunterricht wohl gepennt 43
Bei Rosi und Caro in Erfurt 45
Zu fünft bis zur Talsperre Kelbra 47
Übernachtung im Geräteschuppen 49
Mit dem deutschen NDURO-Meister durchs Vogtland 53
Mit einem Promi im Erzgebirge unterwegs 54
Deutschlands »Grand Canyon« 58
Dresden – mehr als nur Pegida 62
Zelten in traumhafter Natur 64
Auf den Spuren Martin Luthers 67
Was ist das für ein Teil! 68
Kuriose Hobbys 73
Im Venedig des Nordens 76
Unterwegs mit Hannibal und Casper 78
Der Radfernweg Berlin–Usedom 82

Zwei Meere, tolle Strände – Deutschlands Norden 86

Traumhafte Inseln 88
Der Psycho-Fuchs 92
Auf Malle ist's auch nicht schöner 95
Hamburg, meine Perle 97

Immer diese Vorurteile 100
Der Nordseeküsten-Radweg 104
Wo die Stadtmusikanten zu Hause sind 105
Ostfriesland – Radlertraum an der Nordsee 108
Irre – ein Zughotel 112

Westdeutschland – viele Städte und viel Natur 114

NRW – Das bevölkerungsreichste Bundesland 116
Die geilste Stadt der Welt 120
Killepitsch 123
Hundert Kilometer sind völlig ausreichend 125
Was für ein riesengroßes Loch 128
Da wirste jeck 129
Sauerland – Der Wasserspeicher des Ruhrgebiets 132
Dauerregen 136
Auf dem Fuldaradweg 140
Die Teilung aus westdeutscher Sicht 144
Mehr als nur Bankentürme 149
Der Taunus 152
Der Naheradweg 155
Das Bodenwespennest 157
Radfahren zwischen Weinbergen 161

Der Süden – wo ich aufwuchs und trotzdem Neues entdeckte 162

Zu Besuch in der Fächerstadt 164
Frank, der Weltenbummler aus Roßwag 167
Zu Gast bei entfernten Verwandten 169
Hätte ich nur nicht auf ihn gehört 172
Die Schwäbische Alb und ein gigantischer See 176
Zurück in der Heimat 180
Der südlichste Punkt der Reise 182
Höher geht's nicht 187
Die letzte Nacht im Zelt 188
Wieder dahoam 190

Wildzelten in einem Forst in der Nähe von Mainbernheim

Vom Weltenbummler
zum Deutschlandentdecker

Vom Weltenbummler zum Deutschlandentdecker

Ich kann heute gar nicht mehr genau sagen, was meine Reiselust im Leben geweckt hat. Vielleicht war es mein Erdkundelehrer, der im Unterricht lieber über seine verrückten Reisen auf der ganzen Welt erzählte, als uns etwas über Gesteinsschichten beizubringen. Vielleicht waren es die Weltreisebilder meiner Eltern, die im Gang unserer Wohnung hingen und an denen ich von klein auf vorbeigelaufen bin. Wie auch immer: Schon sehr früh wollte ich raus und die große weite Welt entdecken.

Meine erste Reise ohne Eltern unternahm ich im Alter von 16 Jahren. Damals ging es zu acht mit einem Interrail-Ticket durch Europa. Das war bis heute das erste und letzte Mal, dass ich mit einer so großen Gruppe unterwegs war. Trotzdem war ich spätestens seit dieser Reise angefixt. Das letzte Jahr in der Schule verbrachte ich damit, den Atlas zu studieren und mir vorzustellen, wo ich überall hinreisen könnte und welche exotischen Länder es zu entdecken gibt. Denn eines stand schon sehr früh für mich fest: Ich wollte raus, möglichst weit weg von Deutschland, irgendwohin, wo es unglaublich spannend ist.

Nach dem Abitur arbeitete ich noch für ein Jahr bei Film und Fernsehen, um meine Reisekasse aufzubessern, und brach im Alter von 21 Jahren zu meiner ersten Weltreise auf. Geplant war, ein Jahr lang unterwegs zu sein. Ich startete, wie so viele andere auch, mit dem Rucksack. Nach kurzer Zeit fand ich diese Art des Reisens aber nicht abenteuerlich genug, da ich die meiste Zeit im Zug oder Bus saß und die Landschaft an mir nur vorbeiraste.

Nach wenigen Wochen – ich war zu dem Zeitpunkt in Indien angekommen – beschloss ich, mit dem Fahrrad weiterzufahren. Ich hatte allerdings überhaupt keine Ahnung von Fahrrädern und nur wenig Budget. So kaufte ich mir für umgerechnet 20 Euro ein indisches Eingang-Rad, welches schon ohne Gepäck über 20 Kilo wog. Ich hatte pro Tag mindestens einen Platten und kam im

Zelten an der Elbe in Sachsen-Anhalt (oben)
Traumhaftes Radfahren durch einen Wald in Brandenburg (unten)

Durchschnitt nur 30 Kilometer weit. War mir aber egal, ich hatte endlich das Abenteuer, nach dem ich gesucht hatte, und reiste mit meinem Eingang-Fahrrad fünf Monate durch Indien.

Später tauschte ich das schlichte Rad gegen ein besseres mit Gangschaltung, fuhr damit durch Südostasien und Australien. Aus einem Jahr Weltreise wurden irgendwie drei. Ich hatte für mich den Sinn des Lebens gefunden und wollte mit dem Reisen nicht mehr aufhören.

Mit Mitte 20 musste ich mir dennoch irgendwann Gedanken über meine Zukunft machen und mich entscheiden zwischen zwei Möglichkeiten: Studium oder das Reisen zum Beruf machen. Sehr zum Leidwesen meiner Großmutter entschied ich mich für Letzteres.

Ich kehrte nach Deutschland zurück, um eine neue Abenteuertour zu organisieren. Neun Monate später saß ich wieder auf dem Fahrrad, startete in München und radelte sieben Monate lang bis nach Singapur. Mein Ziel war es, einen Film über diese Reise zu drehen und damit meinen Lebensunterhalt zu verdienen.

In den folgenden zwei Jahren gewann die Dokumentation einige Filmpreise und ich merkte, dass ich das Reisen tatsächlich zum Beruf machen konnte. Ich fing an, Vorträge zu halten, und plante gleichzeitig eine weitere Fahrt, diesmal mit einem E-Bike.

2012 ging es nach Australien, um einmal 16 000 Kilometer von Sydney nach Sydney zu radeln. Damals waren E-Bikes etwas ganz Neues und die Entwicklung steckte noch in den Kinderschuhen. Ich war aber von Beginn an neugierig und wollte wissen, ob ein elektrisches Fahrrad reisetauglich ist. Korrekterweise müsste es Pedelec und nicht E-Bike heißen, da sich aber der Begriff umgangssprachlich durchgesetzt hat, werde auch ich hier die Bezeichnung E-Bike verwenden.

Wenn ich meine Lebensjahre als Erwachsener zusammenrechne, komme ich auf über vier Jahre, die ich im Ausland unterwegs war, und dabei habe ich knapp 50 000 Kilometer auf dem Fahrrad in 35 Ländern zurückgelegt. Sicher, ich habe nicht die ganze Welt gesehen, aber doch ein bisschen was davon. Ein Land allerdings hat in all meinen Plänen nie eine Rolle gespielt, da ich es als wenig abenteuerlich und langweilig abgestempelt hatte: Deutschland, mein Heimatland.

Bisher wollte ich immer möglichst weit weg, bis ich eines Tages vor einer Umrisskarte Deutschlands stand und nicht in der Lage war, alle Bundesländer zu benennen. Höchste Zeit für mich, das zu ändern, auch wenn ich zunächst skeptisch war, ob ich im eigenen Land etwas erleben könnte.

Nach einem Tag Überlegung stand mein Plan fest: einmal mit dem Rad durch das gesamte Land fahren und dabei alle 16 Bundesländer besuchen. Ich wollte aber nicht alleine reisen und machte über meinen Newsletter und die sozialen Medien mein Vorhaben bekannt. Ich forderte die Leute auf, sich bei mir zu melden, um mich ein Stück zu begleiten und mir so ihre Heimat vorzustellen. Entweder per Mail oder über die sozialen Medien unter dem Hashtag #whatatrip.

Ich dachte mir, wenn sich 20 Mitfahrer fänden, wäre das toll. Nach wenigen Wochen hatte ich bereits 400 Einladungen in meinem E-Mail-Postfach.

Aussichtspunkt auf einem verlassenen Parkhaus in Aachen

Zelten am Donauradweg zwischen Passau und Regensburg

Start der Reise

Das hatte ich mir anders vorgestellt

Start meiner Reise durch Deutschland war der 1. Mai 2016. Bis zu diesem Zeitpunkt lagen bereits über sechs Monate Vorbereitung hinter mir, um die Tour finanziell und organisatorisch auf die Beine zu stellen.

Da es ein Feiertag war, hatte ich die geniale Idee, am ersten Reisetag alle Freunde, Bekannte und Verwandte dazu aufzurufen, mich auf der ersten Etappe bis nach Rosenheim zu begleiten. An so einem Tag müssten ja alle Zeit haben. Und wie könnte man seinen freien Tag besser verbringen, als mit mir eine Radtour zu unternehmen?

Treffpunkt war im Münchner Hofgarten, wo ich auf den Tag genau acht Jahre zuvor meine Fahrradreise nach Singapur gestartet hatte. Damals hatten wir am 1. Mai 2008 bereits 25 Grad bei frühsommerlichen Temperaturen und bestem T-Shirt-Wetter.
Ich vermutete, dass ich für die knapp 70 Kilometer der ersten Etappe bestimmt um die 60 Mitfahrer hätte. Nach dem Aufwachen dann der besorgte Blick aus dem Fenster: Es hingen dunkle, schwarze Wolken über München. Auf dem Weg zum Hofgarten der nächste Schock: Es war saukalt mit gerade einmal sieben Grad. Vor fünf Tagen hatte es noch Schneeregen gegeben.

Der Plan war, um 10:30 Uhr loszufahren. Dass nicht alle pünktlich kommen würden, wusste ich schon vorher. Ich kannte ja meine Leute. Doch als wir eine Viertelstunde später noch immer nur zu fünft waren (einer davon war ich), wusste ich, dass mein Plan mit der großen gemeinsamen Ausfahrt wohl ziemlich danebengegangen war.

Mit dabei war auch meine Frau Marion, die sich eine Woche Urlaub genommen hatte, um mich zu Beginn der Reise zu begleiten. Nach knapp drei Kilometern fing es prompt wie aus Eimern zu schütten an und somit verabschiedeten sich die anderen drei Mitfahrer, noch bevor wir die Stadtgrenze Münchens erreicht hatten.

Die Route führte Marion und mich über den Mangfallradweg in Richtung Rosenheim. Schon im Stadtgebiet von München

---

Der Chiemsee, auch bekannt als das Bayrische Meer (oben)
Der Königssee – einer der saubersten Seen Deutschlands (unten)

VAUDE
VAUDE

kommt man mit den großen Verkehrsadern nur kurz in Berührung. Richtig schön wird die Tour ab Dürrnhaar – wenn es nicht gerade regnet.

Von hier geht es an Wiesen und Wäldern vorbei hinunter ins Mangfalltal. Dort folgten wir schließlich dem Ufer des kleinen Flusses. Ungefähr auf halber Strecke kommt man zum Ayinger Bräustüberl, einer beliebten Einkehrmöglichkeit mit schattigem Biergarten, wo wir die erste Pause einlegten und den Sonnenschirm als Regenschirm benutzten.

Völlig durchnässt und durchgefroren erreichten wir am frühen Nachmittag Rosenheim, wo wir uns in einem kleinen Hotel am Stadtrand einquartierten. Mittlerweile waren mir erste Zweifel gekommen, warum ich mir das antue: stundenlang durch den Regen zu fahren bei Temperaturen unter zehn Grad Celsius, wenn es auf der Welt doch Regionen gibt, wo jeden Tag schönes Wetter und angenehme Temperaturen garantiert sind. Vielleicht hätte ich lieber Spanien als Reiseziel wählen sollen, zumal laut Wetterbericht auch für die kommenden Tage nicht unbedingt mit einer Hitzewelle und trockenem Wetter in Deutschland zu rechnen war.

Am nächsten Morgen ging es weiter in Richtung Chiemsee. Er ist der größte See Bayerns und wird deshalb auch »bayerisches Meer« genannt. Glücklicherweise hatten wir ein paar regenfreie Stunden und konnten somit die Schönheit des Chiemsee-Radwegs ein wenig genießen. Die Tagesetappe war mit knapp 50 Kilometern relativ kurz, denn wir hatten eine Einladung von Susanne und Matthias Untermayer, eine Nacht auf dem Moierhof zu verbringen – ein toller Erlebnisbauernhof nördlich des Chiemsees.

Matthias zeigte uns nach dem Abendessen seinen gesamten Hof. Neben Schafen, Pferden, Schweinen und Hühnern gibt es auch einen Kuhstall mit Milchproduktion. Obwohl Matthias seine Milch an die Molkerei Berchtesgadener Land verkauft, die ihren Bauern einen festen Milchpreis garantiert, kann man heute mit 200 Kühen keine Familie mehr ernähren. Die Untermayers richteten deshalb vor einigen Jahren Gästezimmer ein, um eine weitere Einnahmequelle zu haben.

Bevor der Tag zu Ende ging, zeigte sich die Sonne für ein paar Minuten. Ich nahm es als gutes Zeichen für die kommenden Tage.

Von Österreich umzingelt – Das Berchtesgadener Land

Im südöstlichsten Zipfel Deutschlands ragt der Landkreis Berchtesgadener Land keilförmig nach Österreich hinein. Im Osten, Süden und Südwesten ist die Landkreisgrenze zugleich auch die Staatsgrenze. Während der Landkreis im Norden leicht hügelig ist, wird es ab Bad Reichenhall im Süden bereits alpin bzw. hochalpin mit dem zweithöchsten Berg Deutschlands: dem Watzmann mit 2713 Meter Höhe.

Unsere Tagesetappe führte uns vom Chiemsee in Richtung Südosten nach Traunstein und Bad Reichenhall. Nach knapp 80 Kilometern erreichten wir Berchtesgaden. Leider war die Sonne vom Vorabend nur ein kurzes Störfeuer. Es blieb weiterhin kalt mit viel Niederschlag, weshalb wir uns für zwei Nächte in einer Holzhütte auf einem Campingplatz einmieteten.

Um ehrlich zu sein, war das Wetter in Deutschland mit ein Grund, warum mein eigenes Land als Reiseziel bisher für mich nie infrage kam. Ich komme mit über 40 Grad in Australien besser zurecht als mit Sommertemperaturen unter zehn Grad hierzulande. Abends saß ich also da und starrte in die nicht enden wollenden Regenwolken. Nicht zum ersten Mal fragte ich mich, ob es wirklich eine gute Idee war, eine Reise durch Deutschland zu machen.

Auch nach dem Aufwachen gab es beim Blick nach oben keine Verbesserung zu vermelden. Der Tag startete so, wie der Vortag endete – mit viel Regen. Wir blieben also in der Region und ich besuchte am Vormittag das Salzbergwerk Berchtesgaden, bevor ich am Nachmittag in Begleitung von Marion in den Nationalpark Berchtesgaden fuhr. Hier darf auf keinen Fall eine Bootsfahrt mit dem Elektroschiff über den malerischen Königssee fehlen. Die mächtigen Felsen der Berchtesgadener Alpen fallen fast senkrecht zum Ufer des Königssees ab, der an seiner tiefsten Stelle stolze 192 Meter misst. Der Königssee ist der sauberste See Deutschlands und besitzt Trinkwasserqualität.

Wir fuhren eine halbe Stunde bis zur Halbinsel St. Bartholomä. Und sogar der Wettergott war uns hold und schenkte uns einige regenfreie Minuten. Ich machte ein paar »Beweisfotos«, um hinterher sagen zu können, dass ich wirklich vor Ort war.

Mitten in Niederbayern – Die längste Burg der Welt

Tags darauf ging es von Berchtesgaden nach Burghausen. Ich traf meine ersten Mitfahrer dieser Reise: Andi und Bernd aus Burghausen. Wir waren auf der Stroblalm in der Nähe von Anger verabredet.

Ein Check am Vortag hatte gezeigt, dass es rund 700 Höhenmeter waren bis zur Alm. Da Marion trotz E-Bike Knieschmerzen plagten, fuhr sie mit dem Zug bis Waging am See voraus, wo wir sie später wieder aufgabelten.

Beim Start in Berchtesgaden kurz nach acht Uhr riss die Wolkendecke auf und die Sonne kam zum Vorschein. Und das Beste war: Ich konnte endlich die Berge sehen, die zuvor unter der Wolkendecke versteckt gewesen waren. Was für ein traumhafter Anblick!

Nach Tagen des Regens machte ich gleich mal eine Reihe Fotos und Videos. Denn ich wollte zumindest ein paar Aufnahmen von den Alpen haben, auf denen auch Berge zu sehen sind.

Andi und Bernd hatten den kompletten Tag inklusive Routenverlauf bereits durchgeplant. Es war Vatertag und so gab es schon um elf Uhr das erste Weißbier, natürlich mit Weißwurst. Schließlich musste ich auf dieser Reise die bayerische Fahne hochhalten und zumindest einige Klischees erfüllen. Nach der guten Stärkung ging es rasant bergab mit tollem Blick auf die Alpen.

Wir machten einen Abstecher nach Schönram, ein kleines Dorf, das an 364 Tagen im Jahr wahrscheinlich eher unscheinbar ist. Doch an diesem einen Tag war Brauereifest und Oldtimer-Treffen, was schon eine lustige Kombination ist, wie wir fanden.

Die beiden Männer, die sich schon seit der Schulzeit kennen, mittlerweile verschwägert sind und je fünf Kinder haben, verwandelten sich beim Anblick der vielen alten Motorräder und Autos wieder in kleine Jungs. Bernd und Andi waren großartig – die Sorte Menschen, bei denen man sich nicht vorstellen kann, dass sie jemals schlecht gelaunt sind oder laut brüllen können.

Vom Oldtimer-Treffen ging es den Waginger See entlang nach Burghausen. Und wie der Name schon verrät, steht hier auch eine Burg. Aber nicht irgendeine, sondern mit einer Ausdehnung von über einem Kilometer die längste Burg der Welt!

Marion und ich machten von der Burg ein paar tolle Bilder bei Sonnenuntergang. Als wir auf einer Parkbank sitzend den Anblick der Burganlage genossen, kam ein Reisebus voller Japaner an, die wohl auf dem Weg in die Burg waren. Da wurde mir richtig bewusst, dass es Menschen gibt, die einmal um die halbe Welt fliegen, um sich diese Burg anzusehen. Ich dagegen hatte es in 32 Jahren nicht geschafft hierherzufahren, obwohl sie direkt vor meiner Haustür liegt. Von München aus ist Burghausen mit der Bahn keine zwei Stunden entfernt. In meinem Erwachsenenleben war ich zwar vier Jahre im Ausland unterwegs gewesen, kannte aber noch nicht einmal die Highlights meines Heimatbundeslandes!

Dieser Moment war für mich ein regelrechtes Aha-Erlebnis. Zum ersten Mal realisierte ich, wie wenig ich bisher von Deutschland gesehen hatte. Und dieses Aha-Erlebnis sollte ich auf meiner Reise fortan mindestens dreimal pro Woche haben.

Als wir nach Sonnenuntergang zurück bei Andi waren, hatte dieser bereits das Abendessen zubereitet. Er wohnt mit seiner Familie in einem wunderschönen, modernen Haus direkt an der Salzach, hoch genug gelegen, um nicht vom Hochwasser gefährdet zu sein. Im Garten gab es Steckerlfisch vom Grill – ein absoluter Traum und die Krönung eines grandiosen Tags mit wirklich eindrucksvollen Menschen.

Der Abend sollte aber noch lange nicht zu Ende sein. Zum Abschluss gingen wir in die Bar Knoxoleum, die vielleicht verrückteste Kneipe, in der ich jemals war. Sie ist irgendwie halb Museum und halb nie vollendetes Kunstwerk und erstreckt sich über vier Stockwerke. Die künstlerische Gestaltung des gesamten Restaurants wurde vom Inhaber Franz Fiederer vorgenommen.

Es war einer dieser Abende, an dem man irgendwann auf die Uhr schaut und sich denkt: »Wieso ist es jetzt plötzlich halb zwei und wieso sind wir die letzten Gäste?« Bis ich im Bett lag, war es bereits nach zwei Uhr und ich hatte vier Bier getrunken, was für mich, der eher selten Alkohol trinkt, eine Menge ist.

Da Andi am nächsten Tag in die Arbeit musste, mir aber unbedingt noch etwas zeigen wollte, stellte ich den Wecker auf sechs Uhr. Mein müdes und biervernebeltes Gehirn brachte es gerade noch fertig auszurechnen, dass ich in dieser Nacht nur vier Stunden Schlaf haben würde. Fix und fertig von dieser schier unüberwindlichen Matheaufgabe fiel ich umgehend in den Tiefschlaf.

Vier Stunden später klingelte der Wecker und mein Schädel fühlte sich an, als wäre gerade ein Güterzug darübergerollt. Ich wusste in

Blick von der Stroblalm Richtung Berchtesgadener Land (oben)
Die Drei-Flüsse-Stadt Passau (unten)

Blick von der Veste Oberhaus auf die Passauer Altstadt (oben)
Stephansdom in Passau (unten)

den ersten Sekunden nicht, wo oben und wo unten ist. Eigentlich ist mir klar, dass ich Alkohol eher schlecht vertrage und oft schon nach drei Bier mit ziemlichem Kopfweh am Morgen aufwache. Trotzdem ist es immer schwer für mich, in einer geselligen abendlichen Runde strenge Selbstdisziplin walten zu lassen.

Dieser verkaterte Morgen war mir auf jeden Fall eine große Lehre. Da ich in den nächsten Wochen und Monaten noch sehr viele Privatübernachtungen bei netten Leuten haben würde, musste ich disziplinierter werden. Schließlich ist Reisen mein Beruf – mit großer Verantwortung und Pflichten – und kein Ferienlager am Ballermann. Also führte ich noch vor dem Frühstück die »Zwei-Bier-Regel« für mich ein, die besagt: pro Tag bzw. Abend nur zwei Bier bzw. zwei alkoholische Einheiten – um am nächsten Morgen fit und vor allem nicht verkatert zu sein.

Nach zwei großen, starken Kaffees ging es mir schon deutlich besser und Andi führte uns noch über die Staatsgrenze nach Österreich. Vom Nachbarland aus gibt es den besten Blick auf die Burganlage. So lernte ich, dass die Burg aus mehreren Einzelbereichen besteht und jeder Bereich für sich abgeschottet werden konnte, was eine Eroberung der Burg sehr schwer bis unmöglich machte.

Burghausen war im Mittelalter eine Großstadt, die durch den Salzhandel reich geworden ist. Damals kam das »weiße Gold« auf Schiffen aus Berchtesgaden über die Salzach nach Burghausen. Hier wurde es verladen und natürlich verzollt und versteuert, bevor es über den Landweg weiterging. Daher zählte Burghausen im Mittelalter zu den reichsten Städten Deutschlands.

Im Anschluss an diesen Ausflug brachte ich Marion zum Bahnhof, denn für sie ging es zurück nach München. Als wir auf den Zug warteten, kam ich mit einem älteren Herrn ins Gespräch, dem ich erzählte, was ich vorhatte und dass ich heute noch in Passau ankommen würde. Er gab mir den Tipp, auf jeden Fall bei Sonnenaufgang den Passauer Stephansdom zu besichtigen.

Drei Flüsse und viele Sehenswürdigkeiten

Alleine fuhr ich weiter in Richtung Passau, zunächst den Innradweg entlang. Solltet ihr gerade überlegen, wo die nächste Radtour hingehen soll, streicht den Innradweg wieder von der Liste. Der Inn ist eigentlich nur ein riesiger, breiter Kanal und der Radweg nicht gerade der spektakulärste. Deshalb beschloss ich irgendwann, querfeldein zu fahren.

Nach 110 Kilometern erreichte ich die Drei-Flüsse-Stadt Passau. Hier fließen der grüne Inn, die schwarze Ilz und die blaue Donau zusammen. Wie ich bei meiner Stadtführung erfuhr, müsste ab Passau die Donau eigentlich Inn heißen, denn der Inn ist der breitere Fluss mit der größeren Wassermenge. Nur weil die Donau ein paar Kilometer länger ist, heißt der Fluss im weiteren Verlauf eben Donau.

Aufgrund ihrer Lage werden die Passauer regelmäßig vom Hochwasser heimgesucht. Im Jahr 2013 kam es zur zweitschlimmsten Flutkatastrophe in der Geschichte der Stadt. Die Altstadt und weitere Teile des Zentrums waren großflächig überschwemmt. Die braunen Wassermassen verwandelten Straßen und Gassen in Kanäle. Das Wasser stand teilweise bis zum ersten Stockwerk in den Häusern.

Während meiner Führung entdeckte ich immer wieder die Wasserstandsmarkierungen weit über mir an den Häuserfassaden. Die am Abend des 3. Juni gemessene Höchstmarke der Donau von 12,89 Metern überschritt dabei sogar deutlich die des sogenannten Jahrhunderthochwassers von 1954 mit damals 12,2 Metern und blieb nur knapp unter der Höchstmarke von 1501 (ca. 13,2 Meter). Nach dem ereignisreichen Tag knurrte mir der Magen und so genehmigte ich mir eine Schweinshaxe mit Knödeln. »Wenn ich so weiterfuttere, habe ich am Ende der Reise fünf Kilo mehr auf den Hüften«, dachte ich mir. In diesem Moment war mir das aber egal. Ich wollte in jeder Region, die ich bereiste, die traditionellen Gerichte probieren.

Der Mann vom Bahnhof sollte übrigens recht behalten. Den Stephansdom in Passau, einer der bedeutendsten Barockbauten italienischer Prägung auf deutschem Boden, fand ich sehr beeindruckend. Bekannt ist der Dom auch für seine Orgel, die zweitgrößte der Welt mit über 17 000 Orgelpfeifen.

Natur und Kultur entlang der Donau

Die Donau ist, nach der Wolga in Russland, mit 2860 Kilometern der zweitlängste Fluss Europas und verbindet auf ihrem Lauf zehn Staaten miteinander. Nur der Nil durchquert, nach der Ernennung des Südsudans zum eigenständigen Staat, mehr Länder: elf, um genau zu sein.

Was ich zu diesem Zeitpunkt noch nicht ahnen konnte, war, dass ich zwei Jahre später einmal den kompletten Donauradweg von der Quelle bis zur Mündung fahren sollte. Aber das ist eine andere Geschichte. Auf meiner Tour durch Deutschland war ich zumindest für zwei Tage auf dem Donauradweg unterwegs.

Im Gegensatz zum Innradweg hat mir der Donauradweg unglaublich gut gefallen. Denn die Donau ist kein Kanal, sondern ein wirklich schöner Fluss mit unzähligen Stränden und sehr viel Natur.

In Vilshofen traf ich mich gegen Mittag mit Julia, einer Lehrerin für Latein und Religion, und dem Tierarzt Sepp. Das Paar begleitete mich für etwa 25 Kilometer flussaufwärts. Julia und Sepp wohnen in der Nähe von Landau an der Isar und kamen mit dem Auto angereist, die Räder auf dem Dach. Es herrschte endlich perfektes Fahrradwetter mit viel Sonne, bei knapp über 20 Grad auch nicht zu heiß, zudem hatten wir Rückenwind. Radfahrerherz, was willst du mehr? Meine beiden Tagesbegleiter entpuppten sich als zwei sehr interessante Gesprächspartner. Die zwei Stunden gemeinsamer Fahrt vergingen wie im Fluge.

In den ersten Tagen dieser Reise hatte ich entweder privat übernachtet oder war in einem Hotel. Da ich auch ein Zelt dabeihatte und dieses bisher noch nicht benutzt hatte, wollte ich bei diesem schönen Wetter unbedingt im Freien übernachten.

Allerdings bin ich kein Freund von Zelt- und Campingplätzen, denn dort ist es oft sehr hell und vor allem laut. Wenn schon zelten, dann am liebsten wild in der Natur. Stimmt, es ist offiziell in Deutschland verboten, aber ich sehe das so wie bei Rot über die Ampel zu gehen: Es ist ebenfalls verboten und trotzdem bin ich

---

Zelten an der Donau (oben)
Stille und Ruhe, die Donau in der Abenddämmerung (unten)

mir sicher, dass jeder Leser schon einmal so ungeduldig war und über die Straße gelaufen ist, bevor es grün wurde.

Solange man nicht in München im Englischen Garten direkt unterhalb des Monopteros sein Zelt aufschlägt, sondern irgendwo draußen auf dem Land, ist auch niemand da, der sich gestört fühlen könnte. Außerdem baue ich mein Zelt bei Sonnenuntergang auf und sitze wenige Stunden nach Sonnenaufgang schon wieder auf dem Rad. Meine Regel beim Wildzelten: »Hinterlasse nichts außer Fußspuren, nimm nichts mit außer Fotos!« Durch das jahrelange Reisen möchte ich behaupten, dass ich mittlerweile ein ganz gutes Auge und Gespür dafür habe, wo sich ein geeigneter Platz zum Übernachten finden lässt.

Kurz hinter Deggendorf fand ich eine geeignete Stelle am Donauufer. Ich hatte einen wunderschönen kleinen Strand ganz für mich alleine und baute mein Zelt 20 Meter von der Wasserkante entfernt auf. Alles war voller Muscheln, die Abendsonne färbte die Landschaft mit weichem Licht zu einem Natur-Gemälde. So folgte einem glänzenden Tag auf dem Rad ein noch glänzenderer Sonnenuntergang, den ich in kompletter Stille genießen konnte.

Nachdem mein Zelt stand und ich ein kleines Abendessen zu mir genommen hatte, entfachte ich ein Lagerfeuer. Während es langsam dunkel wurde, kam ich zu der Erkenntnis, dass die berühmtesten Strände Thailands auch nicht schöner sind als die schönsten Strände an der Donau. Erstere sind für uns einfach nur exotischer.

Als ich morgens aus meinem Zelt krabbelte, saß bereits ein Angler am Donauufer. Ich kam mit dem Herrn natürlich sofort ins Gespräch, obwohl eine morgendliche Konversation vor dem ersten Kaffee nicht zu meinen Lieblingsaktivitäten zählt.

Von meinem Gesprächspartner erfuhr ich, dass vor zwei Wochen eine Fähre auf der Donau samt Traktor und Autotransporter gekentert war. Ich stellte mir das Szenario vor und fragte mich, was ich in so einer Situation machen würde. Als Allererstes wohl meine Festplatten mit dem Foto- und Videomaterial retten, der Rest ist ersetzbar und kann untergehen.

Eine Stunde später – ich hatte gerade mein Zelt abgebaut – fing der Angler seinen ersten Fisch des Tages und fragte mich, ob er ihn für mich filetieren solle. Ich lehnte dankend ab, weil meine Kochausrüstung nur zum Kaffeekochen geeignet war und mir morgens um sieben der Sinn noch nicht nach Sushi stand.

Die 80 Kilometer entlang der Donau bis nach Regensburg waren sehr angenehm und leicht zu fahren. In der Stadt angekommen, checkte ich im wunderschön gelegenen Hotel Lux direkt an der Steinernen Brücke ein.

Am Abend bekam ich eine sehr interessante Führung von Matthias Freitag, der für das Fremdenverkehrsamt in Regensburg arbeitet. Die Stadt ist seit 2006 UNESCO-Welterbe. Ihr historischer Kern mit engen Gassen und Kapellen aus allen Kunstepochen des Mittelalters ist weitestgehend erhalten. Damit besitzt Regensburg die größte mittelalterliche Altstadt Deutschlands. Die zahlreichen Patrizierhäuser, die sich um einen Innenhof anordnen und somit lauschige Plätze bieten, wurden von den Kaufleuten aus Italien kopiert, weshalb sich die Stadt auch als »nördlichste Stadt Italiens« bezeichnet.

Regensburg wurde im Zweiten Weltkrieg kaum zerstört und so stehen in der Altstadt rund 1000 Häuser und Gebäude, die mehrere Hundert Jahre alt sind und natürlich unter Denkmalschutz stehen.

»Regensburg lebte vom Handel an der Donau entlang. Die Donau fließt bis in Schwarze Meer, somit gab es einen Anschluss bis nach Konstantinopel, dem heutigen Istanbul. Aber Güter wurden auch in die heutige Ukraine und über die Seidenstraße nach China oder über die Gewürzstraße nach Indien transportiert. ›Think big‹, müsste man bei Regensburg im Mittelalter sagen, weil der Fernhandel mit Luxusgütern die Stadt reich gemacht hat«, erklärte mir Matthias und fragte mich, ob ich zum Abschluss noch ein paar Fotos von einem der Stadttore herab machen wolle. Er habe einen Schlüssel dabei.

Natürlich nahm ich diesen Vorschlag sehr gerne an und so ging es einige Stufen dorthin hinauf, wohin sonst nur sehr wenige Leute kommen. Die Stadttore bleiben Besuchern normalerweise verschlossen. Pünktlich zum Sonnenuntergang stand ich dann über den Dächern der Stadt – mit einem herrlichen Blick auf den Dom und die gesamte Altstadt.

Nach dem Abendessen ging es zurück zum Hotel. Mein Weg führte mich über die Steinerne Brücke, neben dem Dom ein weiteres Wahrzeichen der Stadt. Mit Baubeginn um 1135, ist sie heute die älteste noch erhaltene Brücke des Landes. In meiner Fantasie stellte ich mir lebhaft vor, wie hier bereits im Mittelalter die Menschen mit ihren Pferdewagen und Gütern in Richtung Altstadt zogen.

Unterwegs am Fünf-Flüsse-Radweg, hier am Ludwigskanal

Mit alten Freunden durch Nürnberg

Die meisten meiner Mitfahrer, die ich auf dieser Reise getroffen habe, kannte ich vorher nicht persönlich. Ausnahmen waren Chris und Steffi Werner, die ich in Postbauer-Heng traf, einem 7000-Einwohner-Ort in der Oberpfalz. Chris kenne ich schon seit über 15 Jahren, als er noch in München lebte. Mittlerweile wohnen die beiden in Nürnberg, und es waren einige Jahre vergangen, seitdem wir uns das letzte Mal gesehen hatten. Nach freudiger Begrüßung machten wir uns auf den Weg.

Wir folgten dem Ludwigskanal, einem Teil des Fünf-Flüsse-Radwegs, bis nach Nürnberg. An einer Stelle unterquert der Weg die Autobahn A 9, die ich mit dem Auto sicher hunderte Male für meine Vorträge entlanggebrettert bin. Nie wusste ich, dass darunter ein wunderschöner Fahrradweg verläuft. Und wieder wurde deutlich, dass ich auf dem Fahrrad einfach viel mehr sehe als im Auto.

Unterwegs erzählte mir Chris, dass in Nürnberg Biber lebten, die man aber nur selten zu Gesicht bekäme. Keine fünf Minuten später entdeckten wir eine Gruppe von zehn Leuten am Ufer, die alle in Richtung Wasser schauten. Mir war sofort klar, was sie da beobachteten. Leicht nervös holte ich meine Kamera heraus und konnte tatsächlich zum ersten Mal in meinem Leben einen wild lebenden Biber sehen und fotografieren. Ich war überrascht von seiner Größe – Biber werden bis zu 30 Kilo schwer. Was für ein Zufall und Glück für mich!

Zum Abendessen empfahlen mir Chris und Steffi, das typisch fränkische Schäufele zu kosten, ein Stück aus der flachen Schweineschulter mit Schwarte, welches langsam über Stunden gegart wird. Das Fleisch war butterweich, die Schwarte sehr knusprig und als klassische Beilage gab es Knödel und Rotkohl. Für jeden Nicht-Vegetarier ein absolutes Muss, wenn man einmal in Franken unterwegs ist.

Nach dem üppigen Essen spazierten wir zur Verdauung auf die Burg, Nürnbergs berühmtes Wahrzeichen. Im Zweiten Weltkrieg wurde sie durch Luftangriffe schwer beschädigt und später in ihrer historischen Form wiederaufgebaut. Von oben hatte ich einen genialen Blick über die Stadt. Einfach großartig, mitten in der Innenstadt eine Burg zu haben!

Mainfranken und schon wieder Bratwurst

Als ich auf die Uhr schaute, war ich überrascht, eine halbe Stunde vor dem Wecker aufgewacht zu sein. Es war erst kurz nach sechs.

Zusammen mit Steffi und Chris ging die Fahrt bei herrlichem Wetter die Pegnitz entlang bis nach Lauf, wo wir einen kurzen Stopp bei meinem Freund Achim Maaß einlegten, der hier einen E-Bike-Laden betreibt. Zum einen, um Hallo zu sagen und einen Kaffee zu trinken, zum anderen, um mein Fahrrad durchchecken zu lassen.

Gerade bei E-Bikes sollten wegen der höheren Geschwindigkeit und Materialbelastung die Kette und die Bremsen regelmäßig überprüft werden. Ganz besonders, wenn man wie ich über 40 Kilogramm Gepäck dabeihat.

Steffi und Chris mussten sich anschließend von mir verabschieden, versprachen aber, dass es bis zum nächsten Wiedersehen nicht wieder sechs Jahre dauern würde.

Vorbei an Herzogenaurach, fuhr ich bis Neustadt an der Aisch, wo ich mir noch schnell ein Abendbrot besorgte. Ich hatte auf dieser Reise keine Kochausrüstung dabei, um nicht noch mehr Gewicht herumschleppen zu müssen. Stattdessen holte ich mir gerne beim Bäcker ein belegtes Brötchen oder ging in ein kleines Restaurant, wo ich dann etwas Landestypisches aß.

An diesem Abend gab es nur ein schlichtes Käsesandwich, denn ich wollte endlich mal wieder zelten. Da ich so viele nette Privateinladungen hatte, kam ich kaum dazu. Ich fuhr also noch ein Stück bis zu einem Waldweg in einen Forst und hielt nach einem geeigneten Zeltplatz Ausschau. Zwei Quadratmeter flacher Boden ohne Wurzeln und Unebenheiten reichen mir völlig aus – und, falls vorhanden, gerne mit Moos oder einem anderen weichen Untergrund. Nach kurzer Zeit wurde ich fündig und verbrachte eine ruhige Nacht.

Gegen 5:30 Uhr weckte mich das ohrenbetäubende Konzert unterschiedlichster Vögel, die den neuen Tag willkommen hießen. Schnell einen starken Kaffee aufgesetzt und mich dann aufs Rad geschwungen, denn mein nächster Mitfahrer wartete bereits auf mich.

Um zehn Uhr traf ich mich mit Matthias Goller in Iphofen. Er führte mich durch das wunderschöne kleine Örtchen mit gut erhaltener Stadtmauer. Nach einer kleinen Mittagspause – es gab einen

Divino Weinkeller (oben)
Übernachtung im Tipizelt inkl. Feuerstelle (unten)

Meter Bratwurst, eine Spezialität aus Sulzfeld – erkundeten wir auch den Nachbarort Mainbernheim, aus dem Matthias stammt.

Matthias, der als Altenpfleger arbeitet, erklärte mir, dass Iphofen und Mainbernheim im Mittelalter zu großem Reichtum gekommen waren, da sie auf der Route vom Main nach Nürnberg lagen. Güter wurden per Schiff über den Main transportiert, abgeladen und dann über Land nach Nürnberg gebracht. Für die Strecke, die ich locker in zwei Tagen gefahren bin, brauchte man damals über eine Woche. Nachts konnten die Händler, gegen Gebühr, versteht sich, in Sicherheit innerhalb der Stadtmauer übernachten.

Mit einem kleinen Abstecher durch Kitzingen ging es den Main entlang bis nach Frickenhausen am Main. Vorher musste ich allerdings erneut einen Fahrradhändler aufsuchen. Grund diesmal: Blödheit. Ich hatte mein voll bepacktes Fahrrad mit dem Vorderrad voraus in einen Radständer geschoben – trotz des vagen Gefühls, dass dies keine gute Idee ist. Ich sollte recht behalten. Das Fahrrad kippte und ich wurde Zeuge angewandter Physik. Auf dem Lehrplan: Hebelwirkung. Der Achter im Vorderrad war so gravierend, dass mir nichts anderes übrigblieb, als das Vorderrad auszutauschen. Zum Glück war nicht Sonntag und der Radhändler nahm mich auch gleich dran. Eine halbe Stunde später und um 120 Euro leichter ging es weiter.

In Frickenhausen übernachtete ich auf dem örtlichen Campingplatz in einem Tipizelt. Auf meiner Reise wollte ich auch ungewöhnliche Übernachtungsmöglichkeiten ausprobieren. Ein Tipizelt gehört da auf jeden Fall dazu. Es war riesig groß und bot Platz für bis zu acht Personen. Ich konnte sogar mein Rad mit hineinnehmen. Ich kaufte mir noch ein paar Chicken Wings, die ich über dem Feuer zubereitete, denn in der Mitte des Zelts gab es eine Feuerstelle. Neben ihr machte ich es mir gemütlich, bevor ich völlig erschöpft schlafen ging.

Matthias war am Vorabend von seiner Freundin mit dem Auto abgeholt worden und stand am nächsten Morgen um kurz vor acht gut gelaunt mit einer Kanne Kaffee und einer Tüte voller Brötchen wieder vor meinem Tipizelt. Allzu viel Zeit für ein ausgiebiges Frühstück hatten wir nicht, denn wir waren um zehn Uhr in Sommerach verabredet. Aber es blieb genug Zeit, dass mir Matthias noch den ersten Duty-free-Shop Deutschlands zeigen konnte: ein Haus in Marktbreit, das außerhalb der Stadtmauer steht. Dort gab es im Mittelalter die Waren günstiger zu kaufen als innerhalb der Mauer, wo die Händler wie erwähnt eine Gebühr zahlen mussten.

Mit 15 Minuten Verspätung kamen wir in Sommerach an, Barbara wartete schon. Sie lotste uns auf die Maininsel, wo auf gerade einmal 14 Quadratkilometern einer der bekanntesten Weine Frankens angebaut wird.

Gleich zu Beginn der Tour hatte sie angekündigt, ein paar Überraschungen vorbereitet zu haben. Und so staunte ich nicht schlecht, als wir am Weingut Divino hielten. Der Leiter Peter Angele empfing uns freundlich und zeigte uns das Gut. Zunächst ging es in den Keller, wo Wein im Wert von fast einer Million Euro in Holzfässern lagert. Wir durften uns durchprobieren, von Weißwein zu Rotwein, und nach der dritten Verkostung mittags um halb zwölf spürte ich den Alkohol ganz gewaltig.

Irgendwann verließen wir den Keller, um in die nicht enden wollenden Weinberge zu fahren – hoch zu einem herrlichen Aussichtspunkt. Hier erklärte mir Peter, dass der Muschelkalk im Boden für ein ganz eigenes Aroma sorge, und er fügte mit einem Lächeln hinzu, der Franke bekomme den Frankenwein bereits mit der Muttermilch eingeflößt.

In Schweinfurt wurde ich von Carlo und seiner Freundin in Empfang genommen. Bei ihnen übernachtete ich auch. Carlo ist Mitglied des Slowriders Mofaclubs. Alle Klubmitglieder fahren Mofa, mit Lederjacke und eigenem Logo, versteht sich. Es gibt ein Klubhaus und alles, was eine waschechte »Rockergang« eben so braucht.

Nicht alle in der Region fanden das lustig: Die Mofa-Fans mussten bei einem »echten« Rockerclub vorstellig werden. Dort wurde erst mal abgestimmt, ob es noch eine weitere Rockerbande in der Region geben dürfe. Anscheinend waren sie mit ihren Mofas aber keine ernst zu nehmende Konkurrenz und der Slowriders Mofaclub bekam auch den Segen gewaltbereiter Harley-Fahrer.

Abends köpften wir bestens gelaunt den Secco, den ich auf der Weinführung geschenkt bekommen hatte. Am Morgen dann war ich alleine im Haus. Meine Gastgeber beginnen sehr früh zu arbeiten und mussten vor sechs Uhr schon los. Es ehrte mich sehr, dass mir die beiden so viel Vertrauen entgegenbrachten, obwohl sie mich erst wenige Stunden kannten.

Überhaupt traf ich während meiner gesamten Reise auf eine große, vertrauensvolle Offenheit. Noch zu Beginn der Planung hatte ich mir nicht vorzustellen vermocht, wie viele Leute letztlich bereit waren, mir ihre Heimat zu zeigen, dabei oftmals ihre Freizeit opferten oder sich gar Urlaub nahmen.

Dichter Nebel bei der Fahrt nach Münnerstadt (oben)
Unterwegs in Münnerstadt (unten)

Letzte Nacht in Bayern

Ralf und Tanja Verholen hatten mich nach Münnerstadt eingeladen. Ralfs Arbeitskollege Thomas war ebenfalls für den Tag mit dabei. Sie arbeiten beide bei der Telekom, wo sie einen GPS-Tracker für das Fahrrad entwickelten, um eConnect auch am E-Bike zu realisieren. So war es während der Reise möglich, auf meiner Homepage meinen Live-Standort zu verfolgen. Und ich testete das System als einer der Ersten auf seine Alltagstauglichkeit.

Mittlerweile sind über 15 000 Räder damit ausgestattet und neben dem Live-Tracking und der Routenaufzeichnung ist auch ein Diebstahlschutz integriert. Ich freue mich immer sehr, wenn ich auf meinen Reisen neue Produkte testen darf. So spiele ich zumindest eine kleine Rolle bei der Entwicklung und Gestaltung des Fahrrads der Zukunft.

Am Nachmittag wurden wir von Münnerstadts Bürgermeister Helmut Blank und von der örtlichen Presse empfangen und bekamen eine zweistündige Stadtführung. Vorher durften wir wieder den guten Frankenwein verkosten. Mir fiel auf, dass es bisher keinen Tag ohne Alkohol gab. Er gehört wohl irgendwie dazu in unserem Land. Meine nächsten Mitfahrer sollte ich erst am darauffolgenden Tag treffen. Ich hatte also keine Eile und fuhr so lange in Richtung bayerisch-thüringische Grenze weiter, bis ich langsam müde wurde.

Laut Wetterbericht sollte es in der Nacht runter auf den Gefrierpunkt gehen. Wenige Kilometer von der Grenze entfernt suchte ich mir daher eine kleine Pension. Um im Zelt zu schlafen, war es mir deutlich zu kalt.

Das Schöne am Radreisen in Deutschland ist: Man findet meistens für 30 bis 40 Euro eine nette Pension oder ein fahrradfreundliches Hotel. Und als ich gut eingepackt im Bett lag, ließ ich die ersten beiden Wochen Revue passieren. Sicherlich, mit dem Wetter hatte ich etwas Pech. Viel Regen in den ersten Tagen und wenig Sonne. Trotzdem kam es mir so vor, als wäre ich schon ewig lang unterwegs und nicht erst zwei Wochen. In diesen 14 Tagen war so viel passiert und jeder Tag war sehr ereignisreich gewesen. In diesem Moment erfasste ich, dass ich damit gar nicht gerechnet hatte. Ich war von meiner Heimat mehr als positiv überrascht.

Unbekanntes und vielseitiges Ostdeutschland

Oberuckersee in der Uckermark – nördliches Brandenburg

Anika und Stefan an der Gedenkstätte Point Alpha (oben)
Beobachtungsturm – Gedenkstätte Point Alpha (unten)

Das geteilte Deutschland

Punkt zehn Uhr war ich am Observation Point (OP) Alpha, einem ehemaligen Grenzposten zwischen Thüringen und Hessen, heute Gedenkstätte und Museum. Hier traf ich Anika und Stefan Rost, die mich eingeladen hatten, den Tag mit ihnen zu verbringen. Der Treffpunkt war ihre Idee. Ich hatte zuvor noch nie vom OP Alpha gehört und fragte mich wieder einmal, warum.

Am Ort des heutigen Museums standen sich die Vorposten von NATO und Warschauer Pakt vier Jahrzehnte lang Auge in Auge gegenüber. Point Alpha war bis 1989 einer der wichtigsten Beobachtungsstützpunkte der US-Streitkräfte in Europa. Im Kalten Krieg galt er als einer der heißesten Punkte. Die innerdeutsche Grenze verlief auf einer Gesamtlänge von knapp 1400 Kilometern und wurde ab 1952 auf DDR-Seite offiziell zum Sperrgebiet, bestehend aus einem zehn Meter breiten Kontrollstreifen, auch Todesstreifen genannt. Dieser Bereich war zeitweise vermint und mit Selbstschussanlagen ausgestattet.

Da ich keine Zeit gehabt hatte, mich im Vorfeld um eine Führung zu kümmern, ging ich spontan an die Kasse, stellte mich kurz vor und fragte, ob es möglich wäre, einen Interviewpartner für 15 oder 20 Minuten zu bekommen. Er sollte uns vor der Kamera etwas erzählen und uns herumführen.

Die nette Kassiererin telefonierte kurz und 15 Minuten später stand David Altheide vor uns, Jahrgang 1979, geboren in der Nähe von Gera. Er arbeitet, wie die meisten Führer, ehrenamtlich im Point Alpha und nahm sich unglaubliche zwei Stunden Zeit, um uns alles zu zeigen. Sein Wissen, nicht nur über den Grenzübergang, sondern zur gesamten Geschichte von DDR und BRD und Kaltem Krieg war umfassend und faszinierend. Er war mit seiner Mutter und seiner Halbschwester sogar am 30. September 1989 als DDR-Flüchtling in der Prager Botschaft gewesen.

Besonders ergriffen war ich von den persönlichen Geschichten, die uns David schilderte. So saß seine Mutter zwei Jahre lang im Gefängnis wegen versuchter Republikflucht. David selbst sollte zwangsadoptiert werden, was seine Mutter gerade noch verhindern konnte. Die Staatssicherheit, also der Geheimdienst, überwachte David und seine Familie permanent und ganz offensichtlich. Mir als freiheitsliebendem Menschen lief es kalt den Rücken herunter, besonders als David mir erklärte, dass über 90 Prozent der Fluchtversuche schon weit vor der Grenze stoppten.

»30 Prozent der Fluchten endeten bereits zu Hause, da Freunde, Arbeitskollegen oder Verwandte die Fluchtpläne verraten haben, weil sie für die Stasi arbeiteten. Im Falle meiner Mutter war es die eigene Schwester. Viele weitere wurden auf dem Weg zur Grenze geschnappt. Und die zehn Prozent, die es bis zur Grenze geschafft haben, standen dann vor dem Zaun, der komplett abweisend Richtung Osten war, der Bevölkerung aber als antifaschistischer Schutzwall verkauft wurde«, berichtete David.

»Und weiß man, wie viele Leute hier ihr Leben gelassen haben?«, fragte ich betroffen.

»Das ist schwierig, weil es keine genauen Zahlen gibt«, antwortete er. »Man sagt, dass an der gesamten Grenze um die tausend Menschen im Alter zwischen 6 und 82 Jahren ums Leben gekommen sind. Wohl wissend, dass diese Zahlen mit Vorsicht zu genießen sind, denn sie sind mit Sicherheit deutlich höher. Wir kennen Ärzte, die sagten, sie mussten haufenweise Totenscheine fälschen. Den Angehörigen wurde dann oft erzählt, dass es einen Verkehrsunfall gab und die Leiche so entstellt war, dass sie sofort verbrannt wurde, um den Hinterbliebenen den Anblick zu ersparen.«

Bei der Wiedervereinigung war ich noch ein Kind und hatte daher von der Teilung Deutschlands relativ wenig mitbekommen. Natürlich wurde das Thema in der Schule behandelt. Für mich war das aber alles nur Theorie und weit entfernt – so wie der Zweite Weltkrieg. Ich wusste, dass es ihn gegeben hatte, aber er war nie Teil meiner Realität, sondern nur Geschichte.

Nun von Zeitzeugen zu hören, wie es damals zuging, den Original-Zaun mit Selbstschussanlage zu sehen war spannend und schrecklich zugleich. So verließ ich Point Alpha doch sehr aufgewühlt.

Anika und Stefan hatten ebenfalls E-Bikes und so fuhren wir zügig nach Roßdorf, wo die beiden wohnen. Mir wurde gesagt, dass eine Überraschungsunterkunft auf mich warte. Der Wetterbericht kündigte Temperaturen um den Gefrierpunkt an. Ich hoffte nur, dass ich die Nacht nicht in einem Zelt verbringen musste.

Die Rhön erstreckt sich über Bayern, Thüringen und Hessen (oben)
Warnschilder an der Gedenkstätte Point Alpha (unten)

Da hab' ich im Geschichts-unterricht wohl gepennt

Stefan und Anika, die ich schon seit ein paar Jahren kenne, hatten mir also eine Überraschung versprochen – die bekam ich auch. Und was für eine! Mit Abstand mein schönstes Bett bisher auf dieser Reise: Ich übernachtete in einem selbst gebauten Bauwagen der Nachbarn.

Wer jetzt einen versifften und heruntergekommenen Wohnwagen im Kopf hat, in dem Eminem schon gelebt hat, liegt völlig falsch. Denn da hat jemand richtig viel Arbeit und Herzblut reingesteckt. Der Bauwagen hatte eine schöne gewölbte Form und erinnerte mich sofort an ein Schiff, zumal er auch zwei Bullaugen besaß. Von außen schönes, helles Holz, innen gab es eine kleine Küche, eine Biotoilette, ein großes Doppelbett.

Das Allerbeste aber war der geniale Blick über die Rhön, denn der Bauwagen steht ganz oben auf einem Hügel. Bei klarem Wetter kann man hier über 50 Kilometer weit sehen. Ich war begeistert.

Abends fuhren wir mit dem Auto nach Meiningen, um Thüringer Klöße zu essen. Stefan erklärte mir, dass sie in Meiningen Hütes heißen. Früher wurde in der Region Wein angebaut, bis eine plötzliche, lange Kälteperiode den Anbau unmöglich machte. Die sogenannte Hütes-Holle brachte den Meiningern die Kartoffel und das zugehörige Rezept für die Klöße, so die Legende. Das Rezept hat sie übergeben mit den Worten: »Hüte es!« Und so wurden aus den Kartoffelklößen im Laufe der Zeit die Hütes.

Ich verschlang eine Portion Hütes inklusive Roulade. Das Essen war unglaublich schmackhaft und erinnerte mich an das, was meine Großmutter gekocht hat – gute bürgerliche deutsche Küche.

Nach einer erholsamen Nacht im Bauwagen ging es für Stefan und mich bei noch kühlen Temperaturen wieder aufs Rad.

Stefan fuhr ebenfalls ein E-Bike, weil er sich wegen Herzrhythmusstörungen nicht überbelasten darf und das Fahrradfahren auf diese Weise für ihn nicht zu anstrengend ist. Unser Etappenziel war die Wartburg bei Eisenach.

Übernachtung im selbstausgebauten Bauwagen

Bis wenige Kilometer vor der Burg fuhren wir über kaum befahrene Landstraßen bzw. Fahrradwege. Zwischendurch waren wir auch für einige Zeit auf dem Rennsteig unterwegs, einem der bekanntesten Rad- und Wanderwege Thüringens. Aufgrund eines unendlich großen Netzes von Wegen und Abzweigungen war die Orientierung trotz Navi gar nicht so einfach, weshalb wir mehrmals nach dem Weg fragten.

Irgendwann waren es nur noch 1500 Meter bis zur Burg. Noch knapp 400 Höhenmeter galt es zu überwinden. Die steilste Stelle hatte eine Steigung von über 20 Prozent. Hier konnte mein Fahrrad zum ersten Mal sein ganzes Können zeigen: Leichtester Gang rein und auf turbo (300-prozentige Unterstützung) gestellt, ging es mit meinen 40 Kilo Gepäck den Hang hinauf. Blöd nur, dass auf halber Strecke der Akku leer war und ich wechseln musste.

Einen Reserveakku hatte ich dabei. Das Problem anschließend war jedoch das Anfahren. Es war so steil, dass ich nach der ersten halben Pedalumdrehung bereits wieder rückwärts rollte, noch bevor ich den zweiten Fuß auf das Pedal bekam. Die ganze Aktion hätte fast in einem Sturz geendet. Ich konnte das Fahrrad nach einer 180-Grad-Drehung aber gerade noch abfangen, bevor ich samt Zubehör den Hang hinabgestürzt wäre. Danach ging mein Puls erst einmal ein paar Minuten lang deutlich schneller und ich brauchte einen Moment, um den Schock zu verdauen.

Schließlich musste mir Stefan Starthilfe geben, indem er mich von hinten anschob. So bekam ich beide Füße auf die Pedale und konnte die letzten 700 Meter zur Burg zurücklegen.

Oben angekommen, war mir klar, dass sich alle Strapazen gelohnt hatten. Alleine schon des Ausblicks wegen. Die Wartburg wurde am höchsten Punkt der Umgebung errichtet und bietet einen sagenhaften 360-Grad-Rundumblick, besonders von einem der beiden Türme aus. Bäume und Grüntöne, so weit das Auge reicht. Die Festung gehört seit 1999 zum UNESCO-Weltkulturerbe und ist eine der geschichtsträchtigsten des Landes.

Johann Wolfgang von Goethe wie auch Richard Wagner waren mehrmals während ihrer Reisen zu Besuch gewesen und Martin Luther (über den ich später in Sachsen-Anhalt noch viel mehr erfahren sollte) hielt sich hier 1521 ein Jahr als Junker Jörg vor der katholischen Kirche versteckt. In dieser Zeit übersetzte er das Neue Testament ins Deutsche. Hatte wohl sonst nicht viel zu tun, denn er brauchte gerade mal elf Wochen dafür.

Bei Rosi und Caro in Erfurt

Ich traf Rosi und Katrin in Bad Langensalza. Rosi ist, wie er selbst sagt, Schnapsverkäufer. Oder anders ausgedrückt: Er betreibt eine Bar in Erfurts Innenstadt mit dem Namen Tikolor. Dort war ich ein paar Monate vorher aufgetreten und als ich ihm von meinen Deutschlandplänen erzählte, war er gleich fasziniert. Damals schon hatte er sofort zugesagt mitzukommen.

Auf dem sehr malerischen Unstrutradweg fuhren wir in die Landeshauptstadt. Gepäck und Rad verstaute ich bei Rosi zu Hause, dann ging es per Tram-Stadtrundfahrt zwei Stunden durch Erfurt.

Mein absolutes Highlight war die Krämerbrücke, mit 150 Metern die längste bebaute und bewohnte Brücke nördlich der Alpen. Zu beiden Seiten stehen wunderschöne Fachwerkhäuser, im Erdgeschoss gibt es kleine Geschäfte, die ihre selbst produzierten Waren zum Kauf anbieten. Gerade am Abend verströmt die Gegend rund um die Brücke ein einmaliges Ambiente.

Übernachtet habe ich bei Rosi und seiner Freundin Caro. Ihr gemeinsamer Sohn Henri war zu dem Zeitpunkt noch nicht einmal ein Jahr alt und trotzdem wollten wir mit dem kleinen Mann drei Tage lang unterwegs sein. Mein mit Abstand jüngster Mitfahrer dieser Reise.

Von Erfurt folgten wir zu fünft dem Radweg »Städtekette« bis nach Weimar, wo wir einen Kaffeestopp einlegten und für das Abendessen einkauften. Trotz Anhänger, in dem Henri saß, kamen wir sehr flott voran. Dann fuhren Caro und Henri bereits vor zum Campingplatz in Ettersburg, wo wir die Nacht verbringen wollten. Der Rest von uns machte sich auf den Weg zur Gedenkstätte Buchenwald.

Das frühere KZ auf dem Ettersberg war das größte auf deutschem Boden. Hier waren 266 000 Gefangene inhaftiert, etwa 56 000 verloren ihr Leben. Besonders die Genickschussanlage (Gefangenen wurde eine Untersuchung vorgegaukelt, beim Vermessen der Körpergröße wurden sie von hinten durch einen Spalt in der Wand erschossen) und die Verbrennungsöfen trafen mich bis ins Mark.

Aber auch dieser düstere Teil unserer Geschichte gehört zu Deutschland und ich finde es wichtig, Gedenkstätten wie Buchenwald oder Dachau zu besuchen, um sich bewusst zu sein, was damals bei uns passiert ist, und um dafür zu sorgen, dass es nie wieder passieren wird …

Blick auf den Erfurter Dom und die Altstadt (oben)
v.l.n.r. Katrin, ich, Caro, Rosi und im Anhänger Henri (unten)

Zu fünft bis zur Talsperre Kelbra

Als ich am nächsten Morgen aus dem Zelt kroch, zogen bereits dunkle Wolken am Horizont auf. Unter dem kleinen Vordach vor der Rezeption gab es erst einmal ein ausgiebiges Frühstück.

Das letzte Mal, dass ich blauen Himmel und richtig Sonne hatte, war an der Donau. Trotzdem war die Stimmung richtig gut und alle, inklusive Henri, hatten viel Spaß am gemeinsamen Radeln. Rosi hatte die Strecke im Vorfeld geplant und so ging es ohne Verkehr vorbei an gelben Rapsfeldern, Wäldern und leicht hügeliger Landschaft in Richtung Norden.

Highlight des Tages war ein Besuch des Panorama-Museums in Bad Frankenhausen. Der Leipziger Maler Werner Tübke brauchte elf Jahre, um das Gemälde über den Bauernkrieg fertigzustellen. Der zylindrische Rundbau aus Beton, der das Gemälde umfasst, ist an die 18 Meter hoch. Die Leinwand – und damit das Bild selbst – ist 123 Meter lang. Sie wog unbemalt ungefähr 1,1 Tonnen.

Vom Museum fuhren wir zur Talsperre Kelbra. Kurz bevor wir den See erreichten, zeigte sich die Sonne. Ihre Strahlen waren Balsam für meine Seele – fast zwei Wochen lang hatte ich nur Wolken am Himmel gehabt. Ich hielt an, um zu fotografieren, denn man konnte ja nie wissen, wann die Sonne wieder einmal scheinte.

Als Letzter kam ich daher am Stausee an, pünktlich jedoch zu Sonnenuntergang. Trotz Temperaturen von 16 Grad und einer Wassertemperatur von 14 Grad beschlossen Kathrin und ich, dass Sommer wäre, und gingen noch eine Runde schwimmen. Okay, ehrlich gesagt war es ein sehr kurzes Vergnügen, immerhin aber das erste Mal Baden auf dieser Reise.

Der Abend endete mit Bier und – mal wieder – Bratwürsten, zubereitet auf einem Einweggrill.

Ich wäre gerne weiter mit unserer Fünfer-Gruppe gereist, auch den aufgeweckten Henri mochte ich sehr. Das ist vielleicht der schwierigste Teil einer solchen Reise: Man lernt so viele tolle Menschen kennen und nach kürzester Zeit heißt es wieder Abschied nehmen. Das große Trostpflaster ist, dass es nicht lange dauert, bis man wieder neue interessante Leute kennenlernt.

Am nächsten Morgen war Henris erster Geburtstag. Nach einem kurzen Geburtstagsständchen ging es zurück nach Erfurt, wo ich diesmal auf Kathrins Schlafsofa übernachtete.

Bögen der Göltzschtalbrücke (oben)
Übernachtung im Gartenhäuschen bei Tobi in Jena (unten)

Übernachtung im Geräteschuppen

Von Erfurt aus radelte ich wieder die 25 Kilometer nach Weimar, doch diesmal ging es weiter Richtung Osten.

Auf halbem Weg nach Jena kam mir mein nächster Mitfahrer, Tobias Hubold, entgegen. Tobi kommt aus Jena, ist App-Entwickler und mit Mitte 20 bereits Teamleiter eines kleinen Start-ups in Berlin. Seine Kollegen sitzen alle in der Hauptstadt, er leitet sein Team von über 20 Mitarbeitern von Jena aus. Natürlich muss er ab und an nach Berlin, das meiste läuft aber über E-Mail und Skype-Konferenzen ab. Außerdem macht er gerne Musik und spielt in einer Band.

In Jena angekommen, zeigte mir Tobi erst einmal seine Heimatstadt per Rad. Jena ist eine echte Studentenstadt – ein Viertel der Einwohner studiert. Diese Tatsache wird von Tobi sehr geschätzt, da es viele kommende und gehende Gesichter gibt und er schnell Leute aus der ganzen Welt kennenlernt. Die Stadt liegt in einem Tal, was es schwierig macht, weiteren Wohnraum zu schaffen. Die Nachfrage ist höher als das Angebot, weshalb Jena auch »München des Ostens« genannt wird, zumindest in Hinsicht auf die Wohnungssituation.

Nach einem spannenden Besuch im Planetarium ging es an die Saale – in ein hübsches Café direkt am Fluss, wo es Kaffee und Kuchen gab. Noch so ein Problem für meinen Bauchumfang. Fast jeder Mitfahrer zeigte mir seine Lieblingskonditorei und beglückte mich mit dem Satz: »Junge, nimm doch noch einen Nachschlag, du bist schließlich den ganzen Tag Rad gefahren.« Ich habe das auf dieser Reise gefühlt 150 Mal gehört.

Bezüglich meiner Frage nach der Unterkunft für die Nacht meinte Tobias nur lapidar, sie sei schon organisiert und wir könnten im Gartenhäuschen seiner Eltern übernachten. Sofort hatte ich einen engen Geräteschuppen im Kopf. Womöglich musste ich erst einmal den Rasenmäher rausschieben, um Platz für meine Isomatte zu schaffen! Ein echtes Problem hätte ich damit aber nicht wirklich gehabt.

Für den Abend waren heftige Gewitter angesagt und wir machten uns auf den Weg in Richtung Übernachtungsdomizil. Schon von außen wirkte es viel größer als ein Geräteschuppen, doch als ich durch das Gartentor trat, traute ich meinen Augen nicht. Das Grundstück befand sich an einem Hang – alleine der Garten hatte sicherlich 1000 Quadratmeter Fläche – und war auf vier Ebenen verteilt, wobei das Haus ganz oben stand. Auf der zweiten Ebene befand sich eine Sauna mit großem Swimmingpool und das Gartenhaus selbst hatte vier Zimmer mit allen Annehmlichkeiten, die man sich in einem Ferienhäuschen nur wünschen kann.

Tobi hatte auch das Abendessen organisiert. Der Grill wurde angeschmissen und es gab – welch Überraschung! – Thüringer Rostbratwürste. Zeitgleich mit dem Grill heizte Tobi auch die Sauna ein und bis wir mit dem Essen fertig waren, hatte das Gewitter bereits seinen Höhepunkt erreicht. Da saßen wir aber schon bei 90 Grad im Trockenen. Das anschließende Bad im Pool bei strömendem Regen war ebenfalls ein Genuss. Nach zwei Saunagängen war Feierabend, ich ging ins Bett und fiel sofort in den Tiefschlaf.

Am nächsten Morgen trafen wir zwei weitere Mitfahrer am Bahnhof Jena Paradies: Reno Heßlach, einen Fahrlehrer aus Schleiz, und Tobias Dutschke aus Greiz, der als Sporttherapeut arbeitet. Ich hatte an diesem Tag somit zwei Tobis dabei. Reno und Tobi kamen mit dem Zug angereist; Reno war mit einem E-Bike unterwegs, die beiden Tobis mit normalen Rädern.

Es gab zwar keine Gewitter mehr, aber der eine oder andere Regenschauer kam zu Beginn noch runter. Trotzdem war die Stimmung sehr gut, was man vorher nie wissen kann. Man trifft sich ja zum ersten Mal und muss sich erst mal kennenlernen. Die beiden Tobis haben sich an diesem Tag sogar so gut verstanden, dass sie sich anfreundeten und ein halbes Jahr später gemeinsam für mehrere Wochen durch Kirgistan radelten.

Tobi, der App-Entwickler aus Jena, kannte sich auf der Strecke der ersten Tageshälfte sehr gut aus, und Tobi, der Sporttherapeut, auf dem zweiten Abschnitt. Somit war wieder garantiert, dass es vor allem über schöne Fahrradwege ging.

Kurz hinter Jena fuhren wir durch einen traumhaften Waldabschnitt und folgten für ein paar Kilometer einem kleinen Bachlauf.

Zur Mittagszeit erreichten wir Gera und der Hunger führte uns in einen Burger-Laden, in dem wir uns stärkten. Da wir draußen saßen, merkten wir schnell, dass wir noch keinen Hochsommer hatten. Nach einer Stunde waren wir so ausgekühlt, dass wir gerne wieder aufs Rad stiegen und weiterfuhren. Durch die Bewegung wurde uns schnell wieder warm. Und ehrlich gesagt: Gera ist keiner der Orte, an denen man einen ganzen Tag verbringen muss.

Wir fuhren mit ordentlichem Tempo bis nach Greiz, einer Stadt mit 25 000 Einwohnern an der Grenze zu Sachsen. Hier legten wir eine Kaffeepause ein und trafen André, Mitfahrer Nummer vier an diesem Tag. Zu fünft fuhren wir noch ein paar Kilometer bergauf bis zum Aussichtspunkt an der Göltzschtalbrücke, der größten Ziegelsteinbrücke der Welt.

Oben zeigte mein Tacho exakt 100 Tageskilometer an. Leider war es wieder den ganzen Tag bewölkt mit Nieselregen. Sicherlich wäre der Anblick bei strahlendem Sonnenschein spektakulärer gewesen, aber auch in dieser nebeligen Stimmung hatte die Brücke etwas für sich. Mit 574 Meter Länge und 78 Meter Höhe ist sie auf jeden Fall ein Hingucker. Der Viadukt mit insgesamt 98 Bögen gilt als Wahrzeichen des Vogtlands und überspannt zweigleisig auf der Bahnstrecke Leipzig–Hof das Tal der Göltzsch.

Hier endete unsere gemeinsame Ausfahrt und ich fuhr mit zu Tobi, wo ich auch übernachtete. Als wir ankamen, war das Abendessen bereits von seinen Eltern zubereitet, und es gab – Bratwürste.

v.l.n.r. Tobi aus Jena, Tobi aus Greiz, ich, Reno und André

Sonnenuntergang im Vogtland (oben)
Mit André auf dem Flowtrail (unten)

Mit dem deutschen NDURO-Meister durchs Vogtland

Am folgenden Morgen saß ich bereits vor sieben Uhr im Sattel. Den nächsten Treffpunkt hatte ich um neun und bis dorthin waren es etwas über 40 Kilometer. Für mich ein weiterer großer Vorteil des E-Bikes, egal ob bergauf oder bei starkem Gegenwind: Ich kann immer mit 20 km/h Durchschnittsgeschwindigkeit rechnen. Somit ist es relativ einfach, die Ankunftszeit zu schätzen – nicht ganz unwichtig bei so vielen Verabredungen.

Kurz vor neun war ich bereits an der Bikewelt Schöneck angekommen. Hier traf ich mich mit Jan Schneidewind vom Tourismusverband Vogtland und mit André Wagenknecht, deutscher Meister im Downhill und NDURO.

Mein Reiserad ließ ich für den Tag stehen und wechselte auf ein E-Mountainbike. Zu meiner Schande muss ich gestehen, dass ich bisher nie wirklich mountainbiken war und so bekamen Jan, ebenfalls blutiger Anfänger, und ich erst mal einen Crashkurs von André mit den wichtigsten Regeln. Die allerwichtigste dabei lautet: Vorsicht vor Selbstüberschätzung.

Wir stürzten uns also in den Flowtrail, eine Strecke, die so angelegt ist, dass sie jeder bewältigen kann. André fuhr rasant, Jan und ich hingegen eierten eher den Berg hinunter.

Sich in einer Steilkurve voll reinzulegen kostet zu Beginn einiges an Überwindung. Der deutsche Meister zeigte dann mal für die Kamera, wie es richtig geht, und fuhr mit voller Geschwindigkeit den Trail runter, inklusive einiger meterweiter Sprünge. Für mich absolut faszinierend und unverständlich zugleich, wie man so eine perfekte Beherrschung über sein Fahrrad haben kann. Jedenfalls hätte ich nie gedacht, dass bergab zu fahren so in die Beine geht. Nach der dritten Abfahrt brannten meine Oberschenkel ordentlich.

Nachdem wir den Crashtest bestanden hatten, ging es mit den E-Mountainbikes 30 Kilometer über Stock und Stein durch den Wald in Richtung Vogtlandschanze. Dort bekamen wir eine interessante Führung von Bernd Körner durch die gesamte Anlage. Ich muss dazu sagen: Ich selbst habe panische Höhenangst. Da oben zu stehen, an dem Balken, wo sich die Skispringer hinsetzen und dann mit knapp 100 km/h die Schanze runterrasen, um bis zu 170 Meter weit zu fliegen, machte mir schon weiche Knie.

Mit einem Promi im Erzgebirge unterwegs

Was bewegt Menschen nur dazu, Skispringer zu werden? Diese Frage stellte ich mir immer wieder, als ich in meinem Bett für die Nacht lag. Gut, dass ich diese Frage am nächsten Tag jemandem stellen konnte, der sie mir sicherlich beantworten konnte.

Ich schlief in Grünbach in einem Hütten-Camp, sehr schön gelegen, von viel Grün umgeben, mit Blockhütten-Sauna und eigenem Fischteich. Hier hatte ich bereits das Erzgebirge erreicht, wo, so erzählten es mir die Einheimischen, es nur zwei Jahreszeiten gibt: Winter und sehr harten Winter.

Am Morgen war ich erneut sehr früh auf den Beinen. Ich folgte dem Erzgebirgskamm über Grünbach in Richtung Oberwiesenthal. Hier gibt es definitiv längere und steilere Anstiege als im Alpenvorland. Von Zeit zu Zeit ging es über unbefestigte Wege und nach knapp 70 Kilometern erreichte ich Oberwiesenthal, wo ich meinen nächsten Mitfahrer traf – und zwar keinen Geringeren als Skiflug-Legende Jens Weißflog, der in der Region geboren ist.

Jens ist einer von vier Athleten, die in ihrer Karriere die wichtigsten vier Wettbewerbe gewinnen konnten: WM, Olympia, Gesamtweltcup und Vierschanzentournee. Und er ist der Einzige, der sowohl im Parallelstil als auch im V-Stil eine Einzelmedaille bei Olympia gewann.

Nach seiner aktiven Karriere eröffnete er ein Hotel und hielt immer auch Leihfahrräder für seine Gäste bereit. Nur ist kaum ein Gast je Rad gefahren, da es vor seinem Hotel keine 500 Meter geradeaus geht, sondern entweder steil bergauf oder bergab. Deshalb kaufte Jens bereits vor über zehn Jahren die ersten E-Bikes. Er war der Erste im Erzgebirge, der diesen Service bot. Seitdem, so sagte Jens mit einem Grinsen, fahren seine Gäste richtig viel durch die Gegend.

Wer jetzt denkt, dass nach so vielen sportlichen Erfolgen ein abgehobener und mit Starallüren bepackter Mitfahrer dabei war, liegt ziemlich falsch. Jens entpuppte sich als sehr nett und ganz normal.

Im Gespräch mit Jens Weißflog (oben)
Sonnenuntergang im Erzgebirge (unten)

Wir fuhren knapp 40 Kilometer gemeinsam und dabei wurde mir klar, dass Jens gerade in seiner Heimat ein absoluter Superstar ist. Jeder, aber auch wirklich jeder, hat ihn sofort erkannt. »Ach, der Jens«, »Tatsache, der Weißflog«, »Der fährt jetzt auch schon E-Bike!« Solche und ähnliche Kommentare flogen uns immer wieder entgegen.

Das war natürlich auch ein Thema, über das ich mich mit Jens unterhalten habe: Ob er denn oft belächelt wird als ehemaliger Leistungssportler, wenn er irgendwo mit dem E-Bike ankommt.

»Mit dem E-Bike habe ich, und auch meine Gäste, einfach viel mehr Möglichkeiten. Hier in der Gegend sind immer Berge, man kann kaum mal ein paar Kilometer geradeaus fahren. Mit dem E-Bike erschließen sich mir ganz neue Wege, die wunderschöne Region zu erkunden«, argumentierte Jens.

Nach zwei Stunden war es an der Zeit, mich von Jens zu verabschieden. Am Ende des Tages zeigte der Tacho 120 Tageskilometer bei 2482 überwundenen Höhenmetern an. Dabei hatte ich knapp 3000 Kilokalorien verbrannt und freute mich auf mein Abendessen.

Ich zeltete im Haus der Kammbegegnungen in Rübenau. Es ist die größte Streusiedlung in Sachsen, sehr schön gelegen auf dem Erzgebirgskamm an der Grenze zu Tschechien und eingebettet in eine sanfte Hügellandschaft. Krönender Abschluss war der Sonnenuntergang, der die Szenerie in die verschiedensten Rottöne tauchte.

Mein Frühstück nahm ich zusammen mit Kai Meister ein, Diplom-Biologe und einer von mehreren freiwilligen Helfern, die das Haus am Laufen halten. Kai ist Vorstand des Vereins Natura Miriquidica e. V. Dieser setzt sich für den Umweltschutz ein und betreibt Jugendarbeit, um den Kindern und Jugendlichen in der Region ihre Heimat inklusive Flora und Fauna näherzubringen.

Weiter ging es für mich 30 Kilometer in Richtung Seiffen auf einem grandiosen Radweg: geteert, von bester Qualität und mitten durch den Wald. Die ersten 15 Kilometer fuhr ich gefühlt nur bergab. Keiner Menschenseele bin ich begegnet und es war Fahrspaß pur.

Ich traf mich mit Andi Weinhold, ehemaliger Mountainbike-Profi und Vize-Europameister. Zusammen fuhren wir knapp 60 Kilometer bis nach Zinnwald und ich war erstaunt über die wirklich tolle Gegend. Als kleiner Junge dachte ich bei dem Wort »Erzgebirge« immer an Schwerindustrie und rauchende Schornsteine.

Das Erzgebirge ist aber hauptsächlich Natur pur mit sehr gut ausgebauten Radwegen, allerdings – vielleicht auch wegen des Wetters – waren keine anderen Radler unterwegs.

Andi zeigte mir zuerst das Nussknackermuseum, in dem man u. a. den größten Nussknacker der Welt bestaunen kann. Ich kam mit einem Mann ins Gespräch, der vor dem Eingang saß und offensichtlich zum Museum gehörte.

»Ist ja unglaublich, hier den weltgrößten Nussknacker stehen zu haben«, bemerkte ich freundlich und deutete auf den Nussknacker, der vor dem Eingang stand. Er nur ganz trocken: »Das ist nicht der weltgrößte Nussknacker, das ist der weltgrößte pneumatische Nussknacker!«

»Okay, entschuldigen Sie die Verwechslung. Wo steht dann der weltgrößte Nussknacker?« Ich erwartete eine Antwort wie »in Disneyland in Florida« oder »vor dem Stadion eines isländischen Erstligisten«.

Stattdessen sagte er wieder ganz trocken und als wäre es das Selbstverständlichste auf der Welt: »Der steht im Garten.«

Ich unterhielt mich später noch mit Andi darüber, wie es ist, Spitzensportler in einer Randsportart zu sein. Andi fuhr in seiner aktiven Karriere über 600 Rennen, viele davon im Ausland, und legte rund 200 000 Kilometer auf seinem Mountainbike zurück. Teilweise musste er die Anreisekosten selbst übernehmen und auch bei einer guten Platzierung reichte das Preisgeld selten aus, um die Unkosten zu tragen. Man muss diesen Sport also schon sehr lieben, auch die nötige Professionalität an den Tag legen und einen Trainings- und Ernährungsplan einhalten wie ein Fußballspieler in der Bundesliga. Mit dem kleinen Unterschied, dass jeder Spieler der dritten Liga ein Zigfaches verdient.

Insgesamt drei Tage war ich im Erzgebirge unterwegs und habe gerade einmal zwei Rennradfahrer gesehen. Ich folgte dabei der Kammtour, einem neuen Radweg entlang der sächsisch-böhmischen Grenze – für mich definitiv ein Höhepunkt dieser Tour. Doch das nächste Highlight sollte bereits auf mich warten.

Deutschlands »Grand Canyon«

Der Tag begann mit einer tollen Fernsicht aus meinem Hotelzimmer. Es war ein traumhafter Anblick: Tief unten in den Tälern hingen noch vereinzelt Wolken in den Baumwipfeln, während mich oben auf dem Berg bereits die Sonne begrüßte.

Zum ersten Mal seit einigen Tagen hatte ich keine Verabredung. So stieg ich ohne Stress am späten Vormittag auf mein Rad. Es ging immer entlang der deutsch-tschechischen Grenze in Richtung Elbe. Genau diesem Fluss wollte ich die nächsten 700 Kilometer folgen.

Ich fuhr noch ein Stück flussaufwärts, denn ich hatte mich für zwei Nächte in Schmilka einquartiert, dem letzten bzw. ersten Ort Deutschlands. Direkt an der tschechischen Grenze und inmitten des Elbsandsteingebirges, auch bekannt als Nationalpark Sächsische Schweiz. Idyllisch reihen sich hier Fachwerkhäuschen entlang eines Quellbaches, der in die Elbe mündet und das Mühlenrad der Schmilk'schen Wassermühle antreibt.

Passend zum Thema war ich im Hotel zur Mühle untergebracht, inklusive kleinem Balkon mit Blick in den Biergarten, wo es selbst gebrautes Biobier und diverse Speisen gab.

Bei meiner Ankunft genehmigte ich mir erst mal eine Halbe auf meinem Balkon und lauschte dem englischen Live-Musiker, der mit seiner Akustikgitarre und Joe-Cocker-ähnlicher Stimme die Biergartenbesucher – größtenteils Wanderer, die ihre Tagesetappe beendet hatten – unterhielt. Allzu lang währte das Vergnügen auf dem Balkon nicht, denn dicke, dunkle Wolken zogen auf und die Schleusen öffneten sich, es schüttete wie aus Eimern. Beste Voraussetzungen, um in die hauseigene Biosauna zu flüchten.

Als ich ins Bett ging, regnete es immer noch, was mir ein wenig Sorgen machte. Am nächsten Tag war ich nämlich mit Daphna Zieschang verabredet, um das Elbsandsteingebirge zu erkunden.

Voller Erleichterung wachte ich auf: Die Sonne war zurück, unsere Tour durch den Nationalpark Sächsische Schweiz konnte stattfinden. Er ist einer von insgesamt 16 Nationalparks in Deutschland und ein vorwiegend aus Sandstein aufgebautes Mittelgebirge am Oberlauf der Elbe in Deutschland und Tschechien. Das Charakteristische des stark zerklüfteten Felsengebirges ist der außerordentliche Formenreichtum auf engstem Raum. Einmalig unter den mitteleuropäischen Mittelgebirgen ist der ökologisch bedeutsame ständige Wechsel von Ebenen, Schluchten, Tafelbergen und Felsrevieren mit erhalten gebliebenen, geschlossenen Waldbereichen, die eine große Artenvielfalt hervorbringen.

Daphna ist in Pirna geboren und arbeitet seit zehn Jahren als Wanderführerin. Sie kennt jeden Weg durch das Gebirge und hat einen unerschöpflichen Pool an Informationen über die Region. Daphna liebt ihren Job und kann sich nicht vorstellen, in einem Büro zu arbeiten. Täglich draußen in der Natur zu sein sei die beste Bezahlung, die es gibt, betonte sie. Diese Sicht der Dinge war nur eine von vielen Gemeinsamkeiten, die wir hatten. Wir kamen zu der Erkenntnis, dass man nie wieder arbeiten muss, wenn man einen Job hat, der Spaß macht.

Die Anstiege auf unserer Wanderung waren sehr steil. Das führte dazu, dass wir auf wenigen Kilometern viele Höhenmeter zurücklegten und schnell auf zwei Aussichtsplattformen ankamen. Wir liefen durch Wälder, bevor es über einen kleinen Klettersteig bergab ging.

Zuletzt gab mir Daphna noch einen Tipp für einen Aussichtspunkt bei Sonnenuntergang. Sogar mit dem Rad zu erreichen, da es über eine Versorgungsstraße für eine Wanderhütte ging.

Ohne Gepäck und mit einem vollen Akku konnte mein Rad wieder mal seine volle Leistung zeigen. In wenigen Minuten war ich oben und hatte einen spektakulären 180-Grad-Blick über das Elbtal. Der malerische Sonnenuntergang war überdies die Mühe wert. Ich blieb zwei Stunden, auch, um eine Zeitraffer-Aufnahme zu machen, was einige Zeit dauert.

Es war so unglaublich schön, dass ich mich erneut fragte: Warum war ich noch nie hier?! Von München aus sind es nur knapp vier Stunden mit dem Auto. Umgekehrt stand ich schon am Grand Canyon in den USA oder im Karijini-Nationalpark in Australien, beide wesentlich weiter entfernt. Schon kurios, dass ich durch die ganze Welt reiste, dabei Tage auf Langstreckenflügen verbrachte, ohne meine nähere Umgebung bzw. mein eigenes Land wirklich zu kennen. Immer wieder hörte ich auf meiner Deutschlandtour von verschiedenen Leuten den Satz: »Deutschland kann ich mir anschauen, wenn ich alt bin.« Rückblickend kann ich dem absolut nicht zustimmen.

Aussichtspunkt überhalb von Schmilka mit toller Sicht
über das Elbsandsteingebirge

Wanderung mit Daphna von Hobbit-Hikes (oben)
Daphna erklärt mir Flora und Fauna (Mitte)
Auf dem Weg nach Schmilka (unten)

Dresden – mehr als nur Pegida

Landschaftlich spektakulär ist der erste Abschnitt des Elberadweges vor der Grenze zu Tschechien. Majestätisch erheben sich die steilen Felswände des Elbsandsteingebirges links und rechts des mächtigen Flusses. Ich fuhr flussabwärts nach Dresden und passierte als Erstes die drei Elbschlösser, bevor ich mein »Blaues Wunder« erlebte: Die berühmte Brücke wurde 1893 fertiggestellt und ist eines der Wahrzeichen der Stadt.

Seit Beginn der Tour hatte ich nun 2000 Kilometer zurückgelegt und es war Zeit für eine Rad-Inspektion. Auf dem Weg zum Radladen fuhr ich durch die Innenstadt. Zuerst zeigte sich die Kuppel der Dresdener Frauenkirche mitten im Zentrum der Altstadt, dann folgten Semperoper, Dresdner Schloss, Zwinger und Goldener Reiter: Die Sehenswürdigkeiten der Innenstadt liegen alle eng beieinander.

Im Radladen bekam ich eine neue Kette und Kassette, auch die Bremsbeläge wurden erneuert. Gerade nach der Tour durch das Erzgebirge waren sie komplett runtergefahren. Als mein Rad fertig war, stand schon Marco, bei dem ich an diesem Tag übernachten durfte, vor dem Laden. Er war wegen der Kunst- und Graffiti-Szene nach Dresden gezogen und ist selbst leidenschaftlicher Radfahrer.

Nach allem, was ich gesehen habe, kann ich sagen: Dresden ist wirklich eine tolle Stadt! Vor allem bei Sonnenschein und knapp 30 Grad. Aber es war Montag, und wie jeden Montag zogen Pegida-Anhänger durch die Straßen. Nachdem ich in den Medien so viel darüber gehört hatte, wollte ich mir selbst ein Bild machen, also sahen wir uns die Demonstration an. Es irritierte mich, dass die meisten aussahen wie Kunz oder Müller von nebenan, man sah kaum Glatzköpfe mit Springerstiefeln.

Ich fragte Marco, wie er als Dresdener Pegida und die Berichterstattung wahrnehme. Seine Antwort: »Natürlich nervt das. Aber es nervt mindestens genauso, dass Dresden bzw. ganz Sachsen über den gleichen Kamm geschoren wird. Jeden Montag finden auch Gegendemos statt, über die wird so gut wie nie berichtet.«

Marco fing um acht Uhr mit der Arbeit an, somit war nichts mit Ausschlafen. Es war seine letzte Arbeitswoche. Zwei Wochen nach meinem Besuch startete er seine eigene Radreise von Dresden nach Wellington in Neuseeland.

Ankunft in Dresden

Zelten in traumhafter Natur

Der Elberadweg wurde in den letzten Jahren mehrmals zum besten und schönsten Radfernweg Deutschlands gewählt. Ich befürchtete, es könnte zugehen wie auf einer Autobahn. Mit unzähligen Radfahrern, die das Überholen unmöglich machten. Doch ich sollte eines Besseren belehrt werden.

Mein Weg führte mich zunächst weiter in Richtung Meißen, denn dort war ich mit Katharina Schuh verabredet. Sie wollte mich durch ihr Weingut Schuh im romantischen Winzerdorf Sörnewitz führen. Katharina und ihr Bruder, immerhin bester Jungwinzer Europas im Jahr 2012, übernehmen gerade nach und nach den Betrieb vom Vater, der ihn 1990 gegründet hatte. Zum Weingut gehören ein Restaurant, eine Vinothek und Gästezimmer. Weinliebhaber, die auf dem Elberadweg unterwegs sind, sollten auf jeden Fall einen Zwischenstopp einplanen.

Ich durfte die Weinberge mit tollem Blick über das Elbtal, aber auch die Tanks, die Abfüllanlage und zum Schluss natürlich die Vinothek zur Verkostung besuchen. So lernte ich auch, dass die beste Zeit für eine Weinverkostung der Vormittag ist. Um diese Uhrzeit sind die Geschmacksnerven noch unbelastet.

Nun hatte ich zwei Tage ohne feste Verabredung vor mir und es war mein letzter Tag in Sachsen. Die Route führte mich von Riesa über Strehla und Mühlberg, vorbei an steilen Weinbergen weiter in Richtung Norden. Bei Pretzsch fuhr ich mit der Gierseilfähre auf die andere Uferseite. Eine Gierseilfähre kommt ganz ohne Motorkraft aus. Sie nutzt einfach die Strömung des Flusses.

Hatte es am Vormittag noch geregnet, klarte der Himmel im Laufe des Tages allmählich auf. Dort, wo ich mich gerade befand, besticht der Elberadweg vor allem durch seine grandiose Natur und auf meinem Weg hatte ich bereits unzählige Störche gesehen. Also wollte ich unbedingt mal wieder zelten.

Ich verließ den offiziellen Radweg, der sich nun wieder etwas vom Fluss entfernte, und folgte einem kleinen Feldweg, um eine geeignete Stelle zum Übernachten zu finden. Per Zufall traf ich auf

Gewitterwolken ziehen auf (oben)
Zelten am Elberadweg – kurz vor Dessau-Roßlau (unten)

Marko, der ein riesiges Fernglas in der Hand hielt, und wir kamen ins Gespräch. Marko arbeitet freiwillig für den Bund Naturschutz und ist leidenschaftlicher Ornithologe. Begeistert erzählte er mir, dass hier in der Region vor drei Wochen eine Vogelzählung mit einem Dutzend Freiwilliger stattgefunden hatte. In 24 Stunden wurden über 160 Vogelarten gezählt, und das mitten in Deutschland.

Ich fand eine wunderschöne Sandbank direkt am Wasser und obwohl es dort bereits eine alte Feuerstelle gab, verzichtete ich darauf, Feuer zu machen. Marko erklärte mir nämlich, dass der gesamte Uferbereich zum Schutzgebiet Natura 2000 gehört – ein zusammenhängendes Netz von Schutzgebieten innerhalb der Europäischen Union, das seit 1992 errichtet wird. Deshalb fragte ich ihn auch, ob es in Ordnung ginge, hier mein Zelt aufzuschlagen, und er meinte glücklicherweise: »Klar, kein Problem, ist ja auch wunderschön hier.«

Es begann leicht zu nieseln und in Kombination mit der tief stehenden Sonne bildete sich ein fast perfekter, halbrunder Regenbogen über meinem Zelt. Nachdem Marko verschwunden war, gab es außer mir niemanden mehr. Keinerlei menschliche Geräusche. Keinen Straßenlärm. Keine Unterhaltungen. Stille. Nur durchbrochen von ein paar Vögeln, die sich gegenseitig gute Nacht sagten.

Ich folgte nun schon mehrere Tage dem Elberadweg und meine anfängliche Sorge einer Fahrradautobahn entpuppte sich als ziemlich falsch. Es war Hochsommer, perfektes Fahrrad-Wetter und selbst auf Deutschlands beliebtestem Radweg fuhr ich teilweise zwei, drei Stunden durch wunderschöne Landschaften, ohne einer Menschenseele zu begegnen.

Auf den Spuren Martin Luthers

Der 48 Kilometer lange Abschnitt von Elster bis Dessau-Roßlau in Sachsen-Anhalt gehört sicher zu den kulturell interessantesten Teilstrecken des Elberadwegs. Es gibt hier gleich mehrere UNESCO-Welterbestätten zu bestaunen. Das Bauhaus in Dessau, das Gartenreich und auch – und hier war ich besonders beeindruckt – die Lutherstadt Wittenberg.

Allein Wittenberg besitzt vier Sehenswürdigkeiten, die ebenfalls zum UNESCO-Welterbe zählen: die Schlosskirche, das Lutherhaus, die Stadtkirche St. Marien und das Melanchthonhaus.

2017 feierte die Stadt großes Jubiläum: Vor genau 500 Jahren schlug Martin Luther seine berühmten 95 Thesen an die Schlosskirchentür und erneuerte damit die Welt und die Kirche von Grund auf. Damals, so wurde es auf der Stadtführung erklärt, war er sich dessen aber gar nicht bewusst. Auch ist es fraglich, ob Luther seine Thesen wirklich an die Schlosskirchentür schlug. In seinen Thesen kritisierte er die katholische Kirche und den Ablasshandel, was verständlicherweise der katholischen Kirche nicht gefiel, denn sie verdiente mit dem Freikaufen von Sünden einen Haufen Geld.

Luther wurde von den Machthabern, dem Kaiser und vielen Fürsten in Deutschland für vogelfrei erklärt: Jeder hätte ihn töten können, ohne bestraft zu werden. Deshalb floh er und versteckte sich unter anderem ein Jahr auf der Wartburg in Thüringen, die ich auf meiner Reise bereits besucht hatte.

Während meines dreistündigen Aufenthalts in der geschichtsträchtigen Stadt lud ich in der Touristeninformation einen meiner Fahrradakkus. Bis zur Weiterfahrt war er wieder voll.

Kurz vor Roßlau suchte ich nach einem Schlafplatz und fand ihn inmitten der Elbauen, pünktlich zu Sonnenuntergang. Nebelfelder zogen vom Fluss herauf, die Sonne verschwand gerade hinter den Bäumen. Wieder war außer mir weit und breit niemand zu sehen. Und wieder einmal war ich – gerade als Großstadtmensch – fasziniert, wie viele menschenleere Plätze es in diesem relativ kleinen und dicht besiedelten Land doch gibt. Schon in der letzten Stunde auf dem Rad war ich nur einem einzigen Spaziergänger mit seinem Hund begegnet. Einfach nur traumhaft, vor solch einer Kulisse zu nächtigen.

Was ist das für ein Teil!

Bevor ich die Landeshauptstadt Magdeburg erreichte, verbrachte ich noch eine Nacht in Schönebeck, wenige Kilometer von der Stadtgrenze entfernt. Die Tagesetappe nach Schönebeck war aus Radfahrersicht ein absoluter Traum. Kilometerlang ging es die Elbe entlang, fernab von jedweder Straße mit Verkehr.

Schon auf meinem Weg in die Unterkunft sah ich diese merkwürdige, riesig große Holzwand mit vielleicht 300 Meter Länge und 20 Meter Höhe und fragte mich, was das wohl sei. Also machte ich mich nach dem Check-in auf den Weg, genau das herauszufinden.

Ich hatte Glück, denn am Abend fand noch eine Führung statt. Bei besagter Holzwand handelte es sich um ein Gradierwerk, eine Anlage zur Salzgewinnung. Obwohl es deutschlandweit 35 Stück davon gibt, hatte ich noch nie zuvor eine solche gesehen. Anette Klocek, Gästeführerin im Solepark Schönebeck, führte mich und vielleicht fünfzig weitere Interessierte durch das knapp zehn Meter breite Werk und erklärte uns das Prinzip.

Unter der Erde befindet sich Salzwasser. Um aus diesem Salz zu gewinnen, kann man es kochen, bis das Wasser verdampft ist und nur noch das Salz übrig bleibt. Das Problem war, dass bei nur zwölf Prozent Salzgehalt die Menschen im Mittelalter sehr viel Zeit und Energie brauchten, um das Salz zu gewinnen. So hatte man die Idee, das Salzwasser aufzugradieren, also den Salzgrad zu erhöhen.

Und das funktioniert wirklich. Von oben bis unten ist die Wand des Gradierwerks mit Schwarzdorn ausgestopft. Bei der Gradierung wird die Sole von oben herabgerieselt und durch die wirklich langen schwarzen Dornen wird die Sole feinst verteilt und zerstäubt. Mit Hilfe der Sonne und des Windes verdunstet ein Teil des Wassers und die Sole, die unten ankommt, ist salziger als die, die oben startet. Nach drei Durchgängen hat die Sole einen Salzgehalt von knapp 20 Prozent und es wird weniger Holz benötigt, um sie zu versieden.

Das längste Gradierwerk in Deutschland war immerhin fast zwei Kilometer lang und es gab immer wieder Tore und Durchgänge, um auf die andere Seite zu gelangen. Das gefällt mir so gut am Reisen: Abends gehe ich oftmals schlauer ins Bett, als ich morgens noch aufgewacht bin.

Bus-Stadtrundfahrt in Magdeburg (oben)
Magdeburg in der blauen Stunde (unten)

Ich traf dann Daniel Klemm, der mir mit dem Fahrrad entgegenkam, und wir fuhren gemeinsam die 15 Kilometer bis nach Magdeburg.

Daniel wohnt mit seiner Freundin Kirstin in einer schicken Wohnung in einem Neubaugebiet, nicht weit vom Zentrum entfernt, und hier durfte ich auch die Nacht verbringen. Die beiden arbeiten für die Stadt und können sich die Zeit frei einteilen. Sie stehen jeden Morgen um 5:30 Uhr auf und fangen bereits um 6:30 Uhr mit der Arbeit an. Für mich als Langschläfer, der die großen Vorteile der Selbstständigkeit bei freier Zeiteinteilung genießt, eine absolute Horrorvorstellung. Auf der anderen Seite haben die beiden spätestens um 15 Uhr Feierabend.

Daniel hatte Tickets für die Bus-Stadtrundfahrt besorgt. Es war einer dieser heißen Julitage, an denen kaum Wind geht und die Luft so drückend heiß ist, dass nur die Flucht in den Schatten Linderung verschaffen kann.

Die Rundfahrt startete um 14 Uhr, in der größten Mittagshitze. Der Bus war zwar mit offenem Verdeck unterwegs und solange er fuhr, kühlte uns der Fahrtwind ein wenig. Blieb der Bus aber stehen, was er in regelmäßigem Abstand und vor jedem Highlight der Tour tat, wurde es so heiß, dass ich das Gefühl hatte, in einem Backofen durch Magdeburg zu fahren. Hinzu kam die mehr als monotone Stimme der Reiseleiterin, die es fertigbrachte, zwei Stunden ohne Luft zu holen zu quatschen und dabei nicht ein einziges Mal die Stimmlage auch nur um eine kleine Nuance zu ändern. Ich hatte sehr damit zu kämpfen, die Augen offen zu lassen, und wir alle waren froh, als wir die zwei Stunden überstanden hatten.

Am Abend hatte es deutlich abgekühlt und es ging noch mit ein paar Freunden meiner Begleiter in einen Biergarten. Es waren unzählige junge, hippe Leute da, denn Magdeburg ist eine Universitätsstadt.

Zu meiner Blamage muss ich gestehen, dass mir bei der Planung der Reise durch alle 16 Bundesländer durch den Kopf geschossen war: »Verdammt, dann muss ich ja auch durch Sachsen-Anhalt durch.« Rückblickend war das ein ziemlicher Quatsch, denn Sachsen-Anhalt ist wunderschön. Kirstin bestätigte mich: »Man hat das Gefühl, dass Sachsen-Anhalt gar nicht wahrgenommen wird. Wir haben 15 Bundesländer und dann noch Sachsen-Anhalt. Wir liegen in vielen Statistiken relativ weit hinten. Und von daher sind wir total unterschätzt, was wirklich schade ist.«

Ich konnte ihr nach diesem Tag aus vollem Herzen zustimmen.

Gradierwerk in Schönebeck (oben)
Radfahren am Elberadweg (unten, Foto von Daniel Klemm via Drohne)

Zusammen mit Gerhard auf der Fähre über die Elbe (oben)
Königin-Luise-Salon im Hotel Exempel (unten)

Kuriose Hobbys

Daniel begleitete mich am nächsten Tag noch für knapp 20 Kilometer. Bevor wir die Stadt verließen, stieß am Bahnhof Gerhard Heinrich zu uns: 72 Jahre alt, aus der Nähe von Halle. Er war der älteste Mitfahrer auf meiner Reise – für einen ganzen Tag.

Nach gut einer Stunde Fahrzeit erreichten wir das eindrucksvolle Magdeburger Wasserstraßenkreuz. Hier fließt der Mittellandkanal auf einer Trogbrücke über die Elbe, ein wirklich kurioser Anblick. Mit einer Länge von über 900 Metern ist die Brücke die längste Kanalbrücke der Welt und Europas größte Stahlkonstruktion.

Daniel verabschiedete sich und gemeinsam mit Gerhard ging es flussaufwärts in Richtung Norden. Obwohl Gerhard aus der Gegend kommt, war er noch nie den Elberadweg entlanggefahren.

Nur wenige Kilometer weiter erblickten wir das nächste Kuriosum, den schneeweißen »Kalimandscharo«. Mit mittlerweile 120 Meter Höhe ist dies aber kein natürlicher Berg, sondern nur eine Halde mit salzigem Abraum, denn unter der Erde wird Kaliumchlorid zu Tage gefördert. Von 42 000 Tonnen Material, die hier tagtäglich aus der Tiefe geholt werden, sind 30 000 Tonnen nicht zu gebrauchen und die landen dann täglich auf der Halde.

Am Nachmittag, nach knapp 85 Kilometern, erreichten Gerhard und ich die schmucke Kaiser- und Hansestadt Tangermünde. Tangermünde ist durch die gut erhaltene Altstadt mit vielen Fachwerk- und Backsteinbauten sowie durch die recht vollständig erhaltene Burg in Backsteinbauweise bekannt. Eigentlich wollte ich die Nacht im Zelt verbringen, aber Daniel und Kirsten hatten mir den Tipp gegeben, im Hotel Exempel zu übernachten. Mehr wollten sie nicht verraten, sie sagten nur, es würde sich lohnen. Und das tat es auch!

In dem Themenhotel ist jedes der 18 Zimmer ein Unikat und passend zu einem bestimmten Aspekt der Tangermünder Geschichte eingerichtet. Ich entschied mich für den Königin-Luise-Salon mit großem Himmelbett und frei stehender Badewanne mitten im Zimmer. Es war mit großem Abstand das schönste Hotelzimmer auf meiner Reise und für 70 Euro die Nacht in der Hochsaison inklusive Frühstück sehr preiswert.

Gerhard und ich tranken dann noch ein Abschiedsbier. Er war so begeistert von dem Tag, dass er plante, selbst noch einmal den kompletten Elberadweg entlangzufahren.

Eine Gierseilfähre nutzt die Strömung und kommt ohne Motor aus (oben)
Der 120 Meter hohe „Kalimandscharo“ (unten)

Es waren zwar nur 40 Kilometer bis nach Sandau, trotzdem war ich den halben Tag unterwegs: Ich kam an so vielen schönen Stellen vorbei und hielt immer wieder an, um Fotos zu machen. In dem kleinen Örtchen schließlich wurde ich bereits von Wolfgang Hellwig erwartet, Vorstandsvorsitzender des Fördervereins zum Wiederaufbau des örtlichen Kirchturms. Seit 1996 ist der Verein aktiv. Bisher hat er fast zwei Millionen Euro in den Wiederaufbau gesteckt und allein 600 000 Euro an privaten Spenden gesammelt, wie mir Wolfgang stolz berichtete.

Es wurde wieder nichts mit dem Zelten, da mich Wolfgang und seine Frau spontan einluden, in ihrem Haus zu übernachten. Obwohl ich sie mehrmals bat, mich doch bitte zu duzen, da ich es nicht ausstehen kann, wenn mich jemand siezt, redeten sie mich konsequent so förmlich an. Ich duzte mit selber Konsequenz zurück.

Wolfgangs Leidenschaft für Kaninchen stach mir sofort ins Auge. Er ist Züchter und führte mich zunächst in sein »Kaninchen-Büro«, welches hauptsächlich als Trophäenzimmer dient. Da standen ein paar Hundert Pokale aus den letzten Jahren herum. Bei Kaninchenzüchter-Meisterschaften vergibt eine Jury Punkte für Schönheit, Felldichte, Körperbau oder auch Gewicht und die höchste Punktzahl gewinnt am Ende, klärte mich Wolfgang leidenschaftlich auf.

Meine letzte Station in Sachsen-Anhalt war am nächsten Tag Havelberg. Dort traf ich mich mit dem Domkantor Matthias Bensch, der gleich zwei Master-Abschlüsse besitzt: einen in Kirchenmusik und einen für Orgel und historische Tasteninstrumente.

Zur Einstimmung gab er für mich ein persönliches Orgelkonzert. Ich war zutiefst begeistert! Diese sehr leisen harmonischen Töne, nur um im nächsten Moment mit einer tiefen, bedrohenden Tonfolge zu kontern ...

Matthias erzählte mir anschließend von seiner Arbeit und erklärte mir, welch faszinierendes und komplexes Instrument die Orgel ist. Denn es gibt nicht nur Tasten, sondern auch Registerzüge, die man herausziehen kann. Ist kein Registerzug gezogen, gibt es beim Spielen keinen Ton. Jeder Registerzug setzt eine Pfeifenreihe frei, je mehr Register gezogen sind, desto lauter wird die Orgel.

Zu guter Letzt durfte ich zum ersten Mal in meinem Leben eine Orgel von innen besichtigen und mich selbst von ihrer komplizierten Technik überzeugen. Ein wunderbarer und spannender Abschluss für Sachsen-Anhalt!

Im Venedig des Nordens

In Havelberg verließ ich den Elberadweg und bog rechts ab auf den Havelradweg in Richtung Brandenburg. Meinen nächsten Stopp hatte ich in Brandenburg an der Havel. Der Ort wird wegen seiner vielen Brücken auch »Venedig des Nordens« genannt und ist umgeben von Wasser. Da die Havel unzählige Seen miteinander verbindet, bot es sich an, vom Fahrrad aufs Wasser umzusteigen.

Es war Liebe auf den ersten Blick zwischen mir und Karl-Heinz. Karl-Heinz war allerdings kein Mensch, sondern ein Hausfloß, mit dem ich einen Tag unterwegs war. Das Floß war gut acht Meter lang und vier Meter breit, in der Mitte gab es eine Kabine, inklusive Küchenzeile, und es können bis zu vier Erwachsene darin schlafen. Da das Floß nur einen Sieben-PS-Motor hat, wird kein Bootsführerschein benötigt.

Nach einer kurzen Einweisung in die wichtigsten Verkehrsregeln auf dem Wasser und in die Handhabung des Floßes konnte es losgehen. Da ich noch nie ein Boot gesteuert hatte, war ich zu Beginn sehr vorsichtig und schüchtern.

Anders als ein Auto reagiert ein Boot sehr verzögert auf Lenkbewegungen. Ich lenkte also nach rechts und es passierte: nichts. Noch weiter nach rechts gelenkt und mit ein paar Sekunden Verzögerung reagierte das Floß, allerdings viel zu weit nach rechts. Also einmal volle Kraft nach links – nur damit es Sekunden später komplett nach links ausscherte. Auf den ersten Metern bin ich so viele Schlangenlinien gefahren, wäre die Wasserpolizei in der Nähe gewesen, sie hätten mich sicherlich für einen Alkoholtest angehalten.

Ein paar Minuten später hatte ich den Dreh aber halbwegs raus und ich machte mich auf den Weg in Richtung Beetzsee. Und was soll ich sagen: Ich war begeistert. Die Mecklenburgische Seenplatte war mir ein Begriff, dass es aber auch in Brandenburg so unglaublich viele Seen gibt, war mir neu. Die beiden Bundesländer bringen es zusammen im Übrigen auf über 5000 Seen. Fünftausend!

Wenn es zu heiß wurde, warf ich kurz den Anker und ging eine Runde schwimmen. Über Nacht durfte ich überall am Ufer festmachen, solange es kein Privatgrund war. So hatte ich die kleine, malerische Bucht für mich alleine, mit perfektem Blick auf die untergehende Sonne. Übernachtet wurde natürlich auf dem Floß bei leichtem Wellengang. Es war eine der erholsamsten Nächte.

Unterwegs mit Karl-Heinz, dem Hausfloß (oben)
Blick vom Bett im Floß auf die untergehende Sonne (unten)

Unterwegs mit Hannibal und Casper

Die 24 Stunden mit Karl-Heinz vergingen wie im Flug und ich hatte mich in die Gegend verliebt. Was ich damals noch nicht ahnen konnte: Marion und ich sind mittlerweile von München hierher gezogen. Zum einen hatten wir die hohen Mietpreise und die elendige Wohnungssuche satt, zum anderen wollten wir eine neue Erfahrung machen.

Ich verließ die Havel und fuhr ein Stück Richtung Süden nach Brück, wo ich von Jan Prowaznik eingeladen war, ihn zu besuchen. Jan, ein schlanker Typ mit Bart, erzählte mir, dass er acht Jahre lang bei der Polizei gewesen war – was mir schwerfiel zu glauben, rein aufgrund seines Erscheinungsbildes. Er hatte dann während der Castor-Transporte irgendwie das Gefühl gehabt, auf der falschen Seite zu stehen, seinen Job und Beamten-Status gekündigt und sich selbstständig gemacht.

Jan informierte mich vorher schon, dass ich meinen Drahtesel für den Tag stehen lassen müsste, denn er hätte etwas anderes vor. Als dann zwei lebendige Esel vor mir standen, staunte ich nicht schlecht. Denn Jan ist Eselführer und zeigt Interessierten auf einer Wanderung die Gegend zwischen Bad Belzig und Beelitz.

Bevor es losgehen konnte, mussten erst einmal die Esel fertig gemacht werden, was bedeutete, dass ich die beiden ausgiebig striegeln durfte, bevor wir ihnen Tragekörbe aufschnallten. Ich hatte den Eindruck, dass ihnen meine Körperpflege ganz gut gefiel.

Ein Esel trägt bis zu 35 Kilo und kleine Kinder können auf ihm reiten. Ausgewachsene Radfahrer leider nicht, die müssen laufen. Und so machten wir uns zu viert auf den Weg. Es ging zunächst durch einen Wald. Noch nie habe ich in Deutschland so viele Moskitos auf einmal gesehen. Besonders im Waldabschnitt wurden wir alle vier aufgefressen, trotz des Sprays, den ich dabeihatte. Bloß nicht anhalten, das sahen auch die Esel so, die an manchen Stellen ganz schwarze Flecken hatten. Bei genauerem Hinsehen entpuppten sich diese als ein Haufen Stechmücken. Der Einzige, den das im wahrsten Sinne des Wortes nicht juckte, war Jan.

Stadtführer Robert in Potsdam (oben)
Die Esel Hannibal und Casper (unten)

Seit dieser Wanderung darf meine Frau nicht mehr »dummer Esel« zu mir sagen, da das eine Beleidigung für das Tier wäre. Denn ein Esel, so lernte ich an diesem Tag, ist ein unglaublich schlaues und empathisches Tier. Aber auch äußerst verfressen. Einer der Esel lief frei und mit Maulkorb, der andere an der Leine und ohne Maulkorb. Sobald ich den Esel führte, wollte er ständig seinen Kopf zum Grasen in die Böschung stecken, was er bei Jan nicht machte.

Jan erklärte mir, dass der Esel mich gerade abcheckt. Probiert, wie weit er gehen kann und ob ich ihn aufhalte. Ich habe es wirklich versucht, aber 250 Kilo Gewicht an der Leine zu haben ist etwas ganz anderes, als mit seinem Hund Gassi zu gehen.

Wie sich zwei Stunden später herausstellte, ist der Spruch »Du sturer Esel« zu 100 Prozent richtig. Wir kamen an einem Spargelfeld vorbei, wo die vielen Arbeiter, Maschinen und die merkwürdigen weißen Planen dazu führten, dass die Esel streikten und nicht weiterwollten. Denn ein Esel ist auch sehr schüchtern und vorsichtig – wer wusste schließlich schon, was die Spargelstecher noch so alles stachen? Es dauerte knapp 90 Minuten, bis wir weiterkonnten.

Jan ist mittlerweile viel mit Managern und Leuten in Führungspositionen unterwegs, die auf so einer Tour lernen können, dass nicht immer alles nach ihrem Dickschädel läuft. Manchmal muss man einfach mal eine Weile warten, bis sich das Problem von alleine löst.

In meinem Leben war ich sicherlich schon über 30 Mal beruflich wie privat in Deutschlands Hauptstadt gewesen, aber noch nicht ein einziges Mal in Potsdam. Die Stadt war für mich immer die kleine, vergessene Schwester Berlins. Das sollte sich nun endlich ändern, denn Robert Freimark, der als Fahrrad-Guide arbeitet, wollte mir seine Stadt zeigen.

Potsdam ist bekannt als ehemalige Residenzstadt der Könige von Preußen. Wahrzeichen ist sicherlich das Schloss Sanssouci, errichtet von Friedrich II. als Sommerschloss. Die berühmte Gartenansicht von Sanssouci entstand nach der Entscheidung Friedrichs des Großen, am Südhang des Bornstedter Höhenzugs einen terrassierten Weinberg anzulegen, wie mir Robert erklärte. Überhaupt gibt es in Potsdam mehr als 30 Schlösser und Parkanlagen und 75 Prozent der Stadtfläche sind Wasser-, Grün- oder Landwirtschaftsflächen.

Zu Abend aßen wir im Holländischen Viertel. Es gilt als größtes zusammenstehendes Bauensemble und Kulturdenkmal holländischen Stils außerhalb der Niederlande in Europa. Anschließend machte ich mich auf den Weg in meine Unterkunft am Templiner

See, denn ich verbrachte die Nacht in einem umgebauten Weinfass auf dem Campingplatz Sanssouci. Ich bin zwar wie erwähnt kein Freund von Zeltplätzen, aber von dem Fass mit Blick auf den See war ich von der ersten Sekunde an begeistert.

Eigentlich war alles perfekt und ich freute mich auf eine erholsame Nachtruhe. Es war ein Freitag und gegen 23 Uhr, ich war beinahe eingeschlafen, ging es los. Am anderen Seeufer startete eine Technoparty. Wasser ist ein hervorragender Schallträger, wie ich leidvoll erfahren sollte. Es hörte sich an, als würde ich mit meinem Fass in der Mitte der Tanzfläche liegen. Besonders der Bass wummerte so heftig, dass meine Unterkunft zu vibrieren anfing. Ich versuchte, mir Papier in die Ohren zu stopfen, auch, meine eigene Musik mit Kopfhörern zu hören, alles ohne Erfolg. Ich bekam kein Auge zu.

Gegen sechs Uhr morgens, es war bereits hell und ich hatte nicht eine Minute geschlafen, stand ich auf und machte mir einen Kaffee. Ich packte zusammen und saß bereits um halb neun auf dem Rad. Zehn Minuten vor meiner Abfahrt war dann auch die Party zu Ende.

Der ehemalige Polizist Jan mit seinen beiden Eseln

Der Radfernweg Berlin–Usedom

Ziemlich übermüdet und gerädert kam ich zwei Stunden später in Berlin an. Mein großes Trostpflaster für die unruhige Nacht: Marion wartete bereits auf mich. Sie hatte sich zwei Wochen Urlaub genommen und war samt Fahrrad mit dem Zug angereist, um mich die nächsten 14 Tage zu begleiten.

Wir trafen uns zunächst mit Daniel Kormann, der angeboten hatte, uns seine Wohnung für das Wochenende zu überlassen. Er wollte in der Zwischenzeit bei seiner Freundin wohnen. Da sie vorhatten zusammenzuziehen, sei das ein gutes Training, meinte er, als er uns in der Wohnung alles zeigte. In den nächsten zwei Tagen wollte uns Daniel durch die Hauptstadt führen. Leider wurde er krank und lag den Rest des Wochenendes mit Fieber im Bett.

Bei all meinen bisherigen Aufenthalten in Berlin war ich entweder zu Fuß oder mit den öffentlichen Verkehrsmitteln unterwegs gewesen. Läuft man, kommen am Ende des Tages schnell 15 bis 20 Kilometer zusammen. Spätestens am zweiten Tag schmerzen die Füße. Mit den Öffentlichen sitzt man meist nur in der U-Bahn und sieht nichts von der Stadt. Diesmal war ich zum ersten Mal mit dem Rad in Berlin unterwegs und, was soll ich sagen: Noch nie war die Hauptstadt so entspannt wie an diesem Wochenende!

Über Nacht nahmen wir die Räder mit in die Wohnung. Tagsüber, mit einem guten Schloss, versteht sich, hatten wir keine Bedenken, sie abzusperren und für ein paar Stunden stehen zu lassen. Und so fuhren Marion und ich von einem Viertel ins andere. Nach drei Tagen Berlin hatten wir über 60 Kilometer zurückgelegt.

2015 landete Berlin immerhin auf Platz 12 des Copenhagen Index, der die fahrradfreundlichsten Städte der Welt auszeichnet. Viele werden jetzt vielleicht sagen, dass es in deutschen Großstädten generell lebensgefährlich ist, zu radeln, und leider gibt es immer noch viel zu viele tödliche Unfälle, bei denen Fahrradfahrer von anderen Verkehrsteilnehmern überfahren werden. An dem Punkt können wir noch viel von Kopenhagen oder Amsterdam lernen.

Wer aber, so wie ich, mit dem Fahrrad schon durch Bangkok, Neu-Delhi oder durch russische Städte geradelt ist, wird jede deutsche Großstadt als erholsam und sehr sicher empfinden. Und selbst wer kein eigenes Fahrrad dabeihat, kann in fast allen Städten mithilfe

Brandenburger Tor in Berlin (oben)
Beschilderung bei der Wanderung mit Julian (unten)

von Fahrradleih-Systemen für ein paar Euro ein Rad ausleihen.

Mit Philipp Volkmer, einem früheren Arbeitskollegen und Freund aus München, ging es noch einen Abend lang durch Berlin. Philipp war gerade mit seiner Freundin von einer Weltreise zurückgekehrt und sie hatten spontan – noch im Flieger auf der Heimreise – beschlossen, ihre Zelte in München abzubrechen und nach Berlin zu ziehen. Da wir uns einige Monate nicht gesehen hatten, gab es viel zu erzählen.

Um noch ein paar Aufnahmen von oben zu machen, wollte ich eigentlich auf den Fernsehturm. Aber Philipp hatte die super Idee, auf die Dachterrasse im 40. Stock des Holiday Inn zu gehen. Kostet nur einen Bruchteil des Fernsehturms und der Vorteil ist, auf den Fotos ist derselbige zu sehen.

Nach einem langen Wochenende in der Hauptstadt lag der über 300 Kilometer lange Berlin-Usedom-Radweg vor uns. Der Weg selbst führt überwiegend auf gut befahrbaren und separaten Radwegen oder befestigten Feld- und Waldwegen. Weite Streckenabschnitte gehen über kleine Landstraßen mit gutem Belag und wenig Verkehr. Kurz, einfach ein klasse Radweg.

Nachdem wir den Speckgürtel Berlins hinter uns gelassen hatten, erreichten wir den Obersee. Hier nahm uns Julian Bayer in Empfang. Julian ist studierter Forstwirt und Tour Guide aus Düsseldorf, dem die Großstadt mit jährlich neuen Trends zu hektisch wurde und der lieber in Brandenburg mit viel Natur und Wald leben möchte. Sein Credo: Bei der Arbeit mit dem Ökosystem Wald weiß er, dass der Wald auch in einigen Jahren noch dastehen wird.

Julian ist einige Jahre jünger als ich und ich war fasziniert von seinem fundierten Wissen. Während ich gerade so Laub- von Nadelbäumen unterscheiden konnte, wusste er zu wirklich jeder Pflanze und jedem Tier auf unserem Weg alles, was es zu wissen gab. Der Hirschkäfer zum Beispiel lebt bis zu sechs Jahre als Engerling, sprich Käferlarve, bis er dann schlüpft und eigentlich nur sechs Wochen lebt. Es war ein perfekter Sommertag, nicht zu heiß, und die Wanderung mit Julian war sehr kurzweilig.

Der nächste Morgen begann ausnahmsweise mit Regen, nachdem die letzten Tage alle trocken und sehr sonnig gewesen waren. Das Wetter störte uns nicht, denn der Abschnitt war wunderschön. Von Bäumen gesäumt ging es einen kleinen Kanal entlang. Das Wasser war so klar, ich konnte selbst an der tiefsten Stelle auf den Grund sehen. Mittags klarte es schon wieder auf und es folgte ein weiterer perfekter Sommertag.

Am Nachmittag erreichten Marion und ich den Oberucker See in der Uckermark. Wir wollten eigentlich auf dem Campingplatz bleiben, aber dort wurden wir zum einen sehr unfreundlich empfangen und zum anderen gab es keinen Fernseher. An diesem Tag jedoch spielte Deutschland in der Europameisterschaft, das musste ich unbedingt sehen! Und so entschieden wir uns für ein Hotel. Ein gab nur noch ein Zimmer: die Luxussuite mit Wasserbett. Egal, das Spiel ging vor. Vielleicht war es wegen meines Hundeblicks, aber am Ende bekamen wir das Zimmer zum Preis eines Doppelzimmers.

Nach dem Spiel gingen wir abends bei Sonnenuntergang zum See. Am hoteleigenen Strand gab es einen Steg, der einige Meter in den See hineinragte. An dessen Ende befand sich eine kleine überdachte Insel mit Rattanmöbeln. Dort setzten wir uns mit unseren Cocktails hin. Es war so wundervoll, dass es für uns in diesem Moment keinen Ort gab, wo wir lieber gewesen wären als mitten in Brandenburg. Dass ich so etwas mal sagen würde, wäre vor dieser Reise undenkbar gewesen.

VAUDE

Zwei Meere, tolle Strände – Deutschlands Norden

Westerhever Leuchtturm auf der Halbinsel Eiderstedt

Traumhafte Inseln

Es gibt zwei Möglichkeiten, auf die Insel Usedom zu kommen, die nicht allzu weit weg vom Festland liegt: Man nimmt entweder die Straße, muss dann aber einen großen Bogen fahren, was deutlich länger dauert. Oder aber man nimmt die Fähre von Uckermünde über das Stettiner Haff. Wir entschieden uns für die Fähre, die allerdings nur zweimal am Tag fuhr: am Vormittag oder am Nachmittag um 15 Uhr. Da es über 70 Kilometer waren, mussten wir uns ein wenig sputen.

Der Oberuckersee liegt im Norden Brandenburgs und so hatten wir nach kurzer Fahrt die Landesgrenze überquert. Wir waren jetzt in Mecklenburg-Vorpommern, dem siebten Bundesland meiner Reise, angekommen. Eine halbe Stunde vor Abfahrt der Fähre, die nur Fußgänger und Radfahrer mitnimmt, erreichten wir Uckermünde.

Ich muss gestehen: Bisher war ich positiv überrascht von der Freundlichkeit und Hilfsbereitschaft meiner Mitbürger. Vor meiner Reise hatte ich ein anderes Bild der Deutschen im Kopf: alle eher etwas miesepetrig und schlecht gelaunt.

Solch ein Exemplar aber war auf jeden Fall der Käpt'n des Schiffes. Es waren einige Radler am Steg und egal, wer irgendetwas fragte, der wurde angeschnauzt mit dem klaren Unterton, dass dies die bescheuertste Frage war, die er je gehört hatte. Auch beim Verladen der Räder machten alle alles falsch und stellten sich in seinen Augen fürchterlich dumm an.

Wir ließen uns von diesem mies gelaunten Exemplar der Gattung Homo sapiens die Stimmung nicht verderben und genossen die knapp 90-minütige Überfahrt.

Usedom ist nach Rügen die zweitgrößte Ostsee-Insel Deutschlands. Wir wollten die Nacht am Strand verbringen und radelten die Ostküste entlang, wo sich ein malerisches Seebad an das nächste reiht.

Marion war zum ersten Mal auf Usedom und kam aus dem Staunen nicht mehr heraus. Denn mit der Bäderarchitektur gibt es

---

Sonnenuntergang auf Usedom (oben)
Zelten mit Marion am Strand auf Usedom (unten)

einen eigenen wunderschönen Baustil. Hier würde es allerdings nicht so einfach werden, einen geeigneten Platz zum Übernachten zu finden. An Orten mit vielen Touristen ist Wildzelten nicht sehr gerne gesehen und wird teilweise auch verfolgt. Was bei mir aber auch den sportlichen Ehrgeiz weckt, es erst recht zu tun.

Wir schoben unsere Räder durch ein kleines Waldstück, gefolgt von einem kurzen steilen Anstieg. Plötzlich standen wir auf einer hohen Düne. Vor uns die spiegelglatte Ostsee, die am Horizont mit dem bewölkten Himmel verschmolz. Ich schaute auf mein Fahrrad-Display, das gerade 3007 Gesamtkilometer anzeigte. Sicherlich gibt es schnellere Wege, um von München an die Ostsee zu kommen, die sind dann aber nicht so ereignisreich.

Es war bereits früher Abend und am Strand nur noch wenige Spaziergänger unterwegs, also schoben wir die Räder ein kleines Stück die Düne wieder hinunter und bauten unser Zelt auf. Es war ein schweißtreibender Tag gewesen und ich gönnte mir noch ein Bad in der kühlen Ostsee. Da wir in der ehemaligen DDR waren, natürlich nackt. Die wenigen Leute, die unser Camp passierten, störten sich nicht weiter an uns.

Die letzte Stunde bei Tageslicht tauchte die Szenerie in die verschiedensten Farben, bis die Sonne schließlich hinter der Düne verschwand. Was für ein perfekter Sonnenuntergang, wie aus dem Bilderbuch! Ich hatte während meiner Reisen auch ein halbes Jahr lang auf einer thailändischen Insel am Strand gelebt und in einer Bar gearbeitet, was schon nah dran war am Paradies. Als ich nun am Strand auf Usedom saß, musste ich zugeben, dass es hier nicht minder pittoresk war als in Südostasien. Nur gab es hier keine Kokosnusspalmen und das Meer war ein wenig kälter.

Mit dem sanften Meeresrauschen im Hintergrund schliefen Marion und ich wunderbar. Am frühen Morgen wurden wir von der aufgehenden Sonne geweckt, die die Temperatur in unserem Zelt minütlich erhöhte. Also krochen wir raus und vor uns lag die funkelnde und glitzernde Ostsee. Außer einem Jogger am Horizont war so früh am Morgen keine Menschenseele unterwegs. Einzig ein paar Möwen begutachteten uns aufmerksam in der Hoffnung, einen Teil unseres Frühstücks zu ergattern.

Wir folgten den Tag über dem genialen Ostseeküstenradweg und fuhren über Greifswald nach Stralsund. Der Baubeginn des bekannten Stralsunder Rathauses in Backsteingotik reicht bis zum Jahr 1300 zurück. Allerdings waren wir noch nicht am Tagesziel angekommen, sondern stiegen auf die nächste Fähre. Sie brachte uns auf die Insel Hiddensee, Deutschlands einzige autofreie Ostseeinsel. Gerade einmal 19 Quadratkilometer ist sie groß, knapp 17 Kilometer lang und an der schmalsten Stelle gerade einmal 250 Meter breit.

Nach der letzten herrlichen Nacht im Zelt wollten wir das wiederholen. Auf der Fähre hatten wir unsere Fahrradakkus geladen und genug Saft für den nächsten Tag. Wir fuhren in den Süden von Hiddensee, wo wir geschützt hinter einer Düne unser Zelt aufbauten. Einem erneuten Bilderbuch-Sonnenuntergang folgte in der Nacht ein kurzes, heftiges Gewitter. In den Morgenstunden war davon nichts mehr zu sehen.

Es ging mit der Fähre zurück nach Stralsund. Da wir noch eine Stunde bis zur Abfahrt hatten, setzten wir uns in eines der unzähligen Cafés am Hafen. Ein Mann mittleren Alters bediente uns und er kam mir sofort bekannt vor. Ich konnte zunächst nicht einordnen, woher, nach einigen Minuten machte es jedoch klick: Wir hatten uns während meiner Weltreise 2005 in Indien kennengelernt und einige Tage miteinander verbracht, den Kontakt aber verloren. Thorsten arbeitet im Sommer sechs Monate in Deutschland und geht dann sechs Monate auf Reisen, meistens in Indien.

Ich rief seinen Namen lautstark durchs Lokal: »Thorsten!«

Er blickte mich verwundert an und ich musste ihm erst mal auf die Sprünge helfen, da ich damals lange Dreadlocks hatte und etwas anders aussah. Nach einem kurzen Moment erinnerte er sich an mich. Was für ein Zufall, sich elf Jahre später auf einer Ostseeinsel zu begegnen.

Für die Nacht, wir befanden uns gerade auf dem Weg nach Zingst, waren schwere Gewitter mit Hagel und möglichen Tornados angesagt. 2016 gab es sehr heftige Unwetter mit insgesamt 20 Toten in ganz Deutschland. Marion und ich hatten wenig Lust, Teil dieser Statistik zu werden, und so wollten wir diese Nacht eine Unterkunft nehmen.

Noch auf der Fähre – draußen tobte gerade ein schweres Unwetter mit Starkregen über uns – riefen wir zwei Dutzend Unterkünfte an. Aber es war Wochenende und kein einziges Zimmer auf der gesamten Halbinsel Fischland-Darß-Zingst war frei. Uns wurde ein wenig bange. Doch das Schiff war fast drei Stunden unterwegs und irgendwann hörte der Regen wieder auf. So beschlossen wir, eine weitere Nacht im Zelt zu verbringen, und machten uns auf den Weiterweg Richtung Westen.

Der Psycho-Fuchs

Der Weststrand des Darß gehört für mich zu den schönsten Stränden des Landes. Zu erreichen ist er nur zu Fuß oder mit dem Rad. Die knapp vier Kilometer bis dorthin geht es durch den geschützten Nationalpark und den autofreien und eindrucksvollen Darßer Urwald. Der herrliche Strand ist ganze 14 Kilometer lang und naturbelassen: Es gibt weder eine Imbissbude noch einen Strandkorbverleih, nur wilde, unberührte Natur.

Es ging dem Ende des Tages zu und es war bereits nach 21 Uhr, als wir endlich den Weststrand erreichten. Von einem Sturm war nichts mehr zu sehen und als ich gerade anfangen wollte, das Zelt aufzubauen, bekamen wir unangemeldeten Besuch. Über die Düne näherte sich uns ein Fuchs, der schnurstracks auf uns zuhielt und zunächst unsere Fahrräder und Taschen inspizierte.

Erst dachte ich, er hätte uns nicht bemerkt, und gab Marion zu verstehen, sich nicht mehr zu bewegen. Ich wollte ihn nicht erschrecken, um ein paar gute Fotos zu schießen. Und so saßen wir einige Minuten wie angewurzelt da, um das tierische Fotomotiv nicht zu verscheuchen.

Mit der Zeit war klar, dass dieser Fuchs alles war, nur nicht schüchtern. Er hatte uns natürlich die gesamte Zeit gesehen, nur störte ihn das nicht weiter, ganz im Gegenteil. Nachdem er mit der Tascheninspektion fertig war, kamen wir an die Reihe. Dabei näherte er sich uns, ähnlich wie ein zutraulicher Schoßhund, bis auf wenige Meter, ach, was sag ich da, es waren Zentimeter. Hätte ich meinen Arm ausgestreckt, ich hätte ihn streicheln können. Und, ähnlich wie ein Hund, fing er an, uns per Schnüffeln zu untersuchen.

Für uns Großstadtmenschen war das im ersten Moment wirklich faszinierend: ein wildes Tier aus so kurzer Entfernung zu sehen und zu beobachten! Wobei ich mich schon fragte, wer hier eigentlich wen beobachtet. Dann wich die anfängliche Begeisterung gerade bei Marion allmählich der Furcht und sie sagte zu mir mit einem leichten Anflug von Panik in der Stimme: »So, ich hab jetzt genug, mach das Tier weg!«

Neugieriger Fuchs am Weststrand des Darß (oben)
Zelten am Darß bei heftigem Wind (unten)

Als Mann und Möchtegern-Alphamännchen spielte ich natürlich den Starken und Furchtlosen, obwohl ich die Hosen genauso voll hatte. Ich sammelte also ein paar Stecken zusammen und lief brüllend und mit Stöcken werfend auf den Fuchs zu. Der hatte mit dieser Aktion eher nicht gerechnet und ergriff die Flucht. Ich voller Stolz zurück zu meiner Frau mit der Neuigkeit, dass wir unseren Gast heute nicht mehr sehen werden.

Weit gefehlt. Der Fuchs musste wohl einen großen Bogen um uns gemacht haben, denn als wir uns 20 Minuten später mal umdrehten, saß er wieder mit zwei Meter Abstand hinter uns und starrte uns an mit seinem dezenten Psycho-Blick. Das Spiel ging so fast zwei Stunden, wir konnten unser Anhängsel einfach nicht loswerden.

Irgendwann war es schon nach elf, obwohl immer noch nicht ganz dunkel, und wir legten uns ins Zelt. Lange Zeit hörten wir, wie der Fuchs weiter draußen herumschlich. Ein ruhiger Schlaf ist etwas anderes.

Ein paar Monate später habe ich einem Freund, der als Tierfotograf arbeitet, die Bilder vom Fuchs gezeigt und ihm unsere Begegnung beschrieben. Ich wollte wissen, ob er Tollwut gehabt haben könnte. Mein Kumpel hielt das für unwahrscheinlich, da sich der Fuchs zu ruhig verhalten hatte, was er bei Tollwut eher nicht machen würde. Seine Theorie war, dass der Fuchs eventuell früh von seiner Mutter getrennt wurde und gelernt hatte, beim Menschen nach Essen zu betteln. Wir hatten ihm nichts gegeben, damit er sich nicht an uns Zweibeiner gewöhnte.

Nachdem das Einschlafen schon schwierig gewesen war, wurden wir bereits um drei Uhr morgens geweckt. Es stürmte so heftig, dass ich glaubte, das Zelt würde jeden Moment weggeweht werden. Wir verbrachten noch ein paar Stunden im dösenden Zustand, aber der Wind ließ einfach nicht mehr nach. Bisher hatte ich die Ostsee nur in einem ruhigen Zustand erlebt, jetzt sah ich meterhohe Wellen und die Gischt peitschte an den Strand. Die Wildheit und ungezähmte Natur waren faszinierend. Zum Glück blieb es trocken.

Ohne Kaffee – der Wind war einfach zu stark, um den Kaffeekocher anzuschmeißen – starteten wir in den Tag. Doch ohne unser morgendliches Heißgetränk sind Marion und ich zu nichts zu gebrauchen und besonders ich bin dann sehr mundfaul. Weitere zwei Stunden später erreichten wir die erste Ortschaft des Tages, Ahrenshoop. Dort gab es endlich ein ausgiebiges Frühstück in einem kleinen Café – und sehr viel Kaffee.

Auf Malle ist's auch nicht schöner

Vom Weststrand des Darß ist es mit dem Fahrrad eine halbe Tagesreise bis nach Rostock, mit 200 000 Einwohnern die größte Stadt in Mecklenburg-Vorpommern. Wir quartierten uns für zwei Nächte in einem Hotel in der Innenstadt ein.

Vielleicht hat sich der ein oder andere Leser schon gefragt, wie ich all die Leute getroffen habe und wie aufwendig wohl die Logistik war. Es war im Vorfeld sehr viel Arbeit, alle Interessenten, die sich bei mir gemeldet hatten, zu kontaktieren und irgendwie in die Route einzubauen. Während der Reise waren immer die nächsten 14 Tage vororganisiert und ich wusste genau, wann ich wen wo treffe. Aber diese Organisation brauchte Zeit, auch während ich unterwegs war. So benötigte ich alle 14 Tage einen Office-Day, um alle E-Mails, Anfragen und Kontakte abzuarbeiten. In Rostock war mal wieder ein Bürotag angesagt.

Rostock ist die einzige Großstadt Deutschlands mit direktem Zugang zum Meer. Von der Innenstadt bis zum Strand in Warnemünde sind es zehn Kilometer, also eine knappe halbe Stunde mit dem Rad. Da mein Bürotag erst am folgenden Tag anstand, machten wir uns bei 30 Grad und Sonnenschein auf den Weg zum Meer.

Am Ende der Promenade befindet sich die Einfahrt in den Hafen und vom Leuchtturm aus hatte ich einen super Rundumblick. Mit teilweise 150 Meter Breite ist der Strand groß genug, um mit seinem Handtuch ein ruhiges Plätzchen zu finden. Marion wollte sich, typisch Frau, in ein paar Geschäften an der Promenade umschauen. Ich hingegen zog es vor, typisch Mann, an der Hafeneinfahrt zu stehen und Schiffen und Kreuzfahrern zuzusehen, wie ihre Reise anfing bzw. endete.

Zwei Stunden später traf ich Marion in einer Strandbar, die ganz in Weiß gehalten war und aussah wie aus einem Raffaello-Werbespot. Wir bestellten zwei Gin Tonics, schauten aufs glitzernde Blau der Ostsee und fingen an nachzuzählen, in wie vielen Strandbars wir weltweit schon gesessen sind. Wir kamen auf über 25 – auf vier Kontinenten. Da war ich nun durch die halbe Welt gereist, mit Marion vor dieser Deutschlandreise aber noch nicht einmal an einem deutschen Strand gewesen. Inzwischen konnte ich das nicht mehr so richtig verstehen, denn ganz ehrlich: Hier in Warnemünde war es nicht weniger schön als auf Bali oder Mallorca.

Matthias aus Neumünster (oben)
Elbphilharmonie in Hamburg (unten)

Hamburg, meine Perle

Von Rostock aus ging es in zwei Etappen bis Hamburg, Deutschlands zweitgrößter Stadt. Da wir die Küste verließen, war die Strecke gerade im Vergleich zu den vorherigen Tagen weniger spektakulär.

Hamburg ist einer der wenigen Orte, die ich schon mehrfach, privat wie beruflich, besucht hatte und ich liebe diese Stadt. Egal, ob für ein Fischbrötchen am Hafen oder auf ein Bier in der Sternschanze, ich bin immer wieder gerne in der Hansestadt.

Die zwei Wochen mit Marion waren leider schon wieder vorbei. Auf Reisen sind wir ein sehr eingespieltes Team und harmonieren hervorragend. 2012 waren wir gemeinsam für sieben Monate in Australien und heirateten am Ende der Reise barfuß am Strand.

Das ist auch meine Empfehlung an alle meine heiratswilligen Freunde: Geht gemeinsam ein halbes Jahr reisen, seht euch 24 Stunden am Tag, schlaft im Zelt und erlebt ein paar Extremsituationen, in denen die Nerven auch mal blank liegen. In diesen Momenten zeigt sich der wahre Charakter eines Menschen. Wenn beide nach der Reise sagen, dass sie immer noch den richtigen Partner haben, stehen die Chancen nicht schlecht, dass die Beziehung sehr lange halten wird.

Nachdem ich mich am Bahnhof von Marion verabschiedet hatte, blieben mir zwei Tage, um Hamburg zu erkunden. Mein Mitfahrer, der mir ursprünglich die Hansestadt zeigen wollte, sagte leider kurzfristig ab und so war ich alleine unterwegs. Um in zwei Tagen die besten Fotospots zu finden, hilft zum Beispiel eine Suche bei Instagram. Einfach nach Hamburg suchen und schon erscheinen ein paar Millionen Bilder, oftmals auch mit Standort-Angabe. Etwas altmodischer, aber genauso funktional ist es, in einem Souvenirshop Postkarten anzugucken und zu checken, wo sich die beliebtesten Motive befinden.

Ähnlich wie auch in Berlin war ich die gesamte Zeit in der Stadt mit dem Rad unterwegs. Hamburg landete im Copenhagen Index 2015 immerhin noch auf Platz 19. Ich kann es wirklich empfehlen, in deutschen Großstädten Fahrrad zu fahren. Wer kein eigenes Rad dabeihat, auch kein Problem: In jeder Stadt gibt es mittlerweile Fahrrad-Leihsysteme unterschiedlicher Anbieter und für ein paar Euro am Tag kann sich jeder ein Leihrad schnappen.

Hamburg war jedenfalls wieder mal toll: Ich flanierte die Alster entlang, war mittags in einem Fischlokal im Schanzenviertel und am Nachmittag auf dem Michel. Vom Turm der St.-Michaelis-Kirche hat man einen einmaligen Blick auf den Hafen und die – damals kurz vor der Vollendung stehende – Elbphilharmonie.

Zum Tagesabschluss gönnte ich mir noch ein Bier an den Landungsbrücken. Liebe Hamburger, sosehr ich eure Stadt liebe, mit eurem Astra-Bier kann ich mich einfach nicht anfreunden! Daher bestellte ich das einzige Alternativbier, das es gab: ein Beck's. Mit dem Kommentar, dass man diese Astra-Plörre ja nicht trinken könne. Wenn Blicke töten könnten, würde die Bedienung nun wegen Mordes vor Gericht stehen.

In Hamburg wurde mir einmal mehr klar, wie wichtig die Mitfahrer auf dieser Reise für mich waren. Mir wurde zwar nicht langweilig in Hamburg, aber am Ende fuhr ich doch etwas planlos durch die Stadt und vor allem fehlten mir die persönlichen Geschichten. Gut, dass ich für die nächsten Tage wieder viele Leute auf meiner Liste hatte, die mir etwas zeigen wollten.

Den Anfang machte Matthias Hennecke aus Neumünster. Matthias und ich trafen uns morgens am Hauptbahnhof. Er war mit dem Rad angereist und zusammen ging es gut 75 Kilometer von Hamburg bis zu ihm nach Hause. Er arbeitet als selbstständiger TÜV-Prüfer für Kräne: Bevor ein Kran auf einer Baustelle in Betrieb genommen werden darf, wird er von Matthias auf seine Sicherheit geprüft. Da ich unter Höhenangst leide, ein absoluter Horrorjob für mich.

Schleswig-Holstein ist ein sehr schmales Bundesland und an der breitesten Stelle noch nicht einmal 200 Kilometer breit. Da es zwischen zwei Meeren liegt – im Osten die Ostsee, im Westen die Nordsee –, kann sich das Wetter hier sehr schnell ändern, wie ich an meinem ersten Tag im neunten Bundesland feststellen konnte. Wir starteten bei Sonnenschein, der aber nur von kurzer Dauer war. Schon am späten Vormittag öffnete der Himmel seine Schleusen und es kam ein gewaltiger Regenguss herunter. Während meiner gesamten Reise hatte ich nicht so einen starken Regen erlebt wie an diesem Tag.

Als wir völlig durchnässt und durchkühlt bei Matthias ankamen, gab es erst einmal eine heiße Dusche und meine gesamte Schmutzwäsche landete in der Waschmaschine. Matthias lebt mit seiner Frau, seinen beiden Töchtern und Hund Fiete in einem Haus mit großem Garten.

Abends kamen wir alle zum Abendessen zusammen und natürlich wollte ich als Bayer wissen, ob es ein typisch schleswig-holsteinisches Gericht gibt. Von Labskaus hörte ich an diesem Tag zum ersten Mal. Eine Pampe, bestehend aus Hering, Corned Beef, Kartoffeln, Roter Bete, Gurken und Spiegelei. Schmeckt viel besser, als es sich anhört, wie ich später während meines Aufenthalts auf Sylt herausfinden sollte.

Ich fand es immer wieder faszinierend auf dieser Tour, wie schnell Vertrautheit entstand. Vor wenigen Minuten waren mir alle Anwesenden im Raum noch fremd und nach kurzer Zeit war es, als würde ich mit alten Bekannten am Küchentisch sitzen. Mit vielen, die ich auf dieser Reise kennengelernt habe, bin ich heute noch in Kontakt.

Bevor es dunkel wurde, machten wir einen Spaziergang mit Hund Fiete, der drei Jahre alt war und sehr verspielt. Da bekam ich umgehend Heimweh nach meinem Vierbeiner zu Hause.

»Gut, dass ich meinen Hund Alfie auf dieser Reise noch sehen werde«, waren meine letzten Gedanken, bevor ich völlig erledigt einschlief.

Hausboote in Hamburg

Immer diese Vorurteile

Für den nächsten Tag stand eine relativ kurze Etappe bis nach Kiel an. Da ich meine nächsten Begleiter erst am Nachmittag traf, blieb mir genügend Zeit, die Umgebung zu erkunden.

Der Große Plöner See ist der größte See des Bundeslandes und der viertgrößte in Deutschland. Kann man ja mal mitnehmen. Im Vergleich zum Vortag blieb es trocken, allerdings war der Wind so stark und heftig, wie es wohl nur in Norddeutschland an der Küste vorkommt. Am sonst spiegelglatten See türmten sich die Wellen einen halben Meter hoch und es machte den Anschein, am Meer und nicht an einem See zu stehen. Trotz oder gerade wegen des Wetters gefiel mir die Gegend außerordentlich gut.

Am Kieler Hafen wartete bereits Sven Jaster mit seinen beiden Kindern Martje (5) und Jarne (7) auf mich. Sie nahmen mich herzlich in Empfang. Die zwei Kinder waren zunächst noch etwas schüchtern und zurückhaltend gegenüber dem fremden, bärtigen Radfahrer. Das legte sich aber schneller, als ich schauen konnte.

Wir fuhren als Erstes zum Hafen, der für die Stadt natürlich ein wichtiger Wirtschaftsfaktor ist. »Hier werden zum Beispiel U-Boote instand gesetzt, aber auch Schiffe gebaut«, erklärte mir Sven, während er in der Ferne auf zwei Uhr zeigte. Seinem Finger folgend sah ich drei große Säulen, je 90 Meter hoch. Sie sahen aus wie Windräder ohne Rotoren, standen dafür aber zu nah beieinander. Sven klärte mich auf, dass es sich um die drei Masten des weltweit größten Segelschiffs namens »A« handelte, das gerade in Kiel gebaut wurde. In Auftrag gegeben wurde das 400 Millionen Euro teure Schiff von einem russischen Milliardär.

Während wir an zwei großen Kreuzfahrtschiffen vorbei durch den Hafen fuhren, klingelte Svens Handy. Seine Frau, die als Ärztin im Krankenhaus arbeitet, würde es heute nicht pünktlich aus der Arbeit schaffen. Sven wiederum musste unbedingt zum Elternabend von Jarnes Klasse. Also fragte er mich, ob ich für zwei Stunden auf Martje und Jarne aufpassen könnte. Zu dem Zeitpunkt kannten wir uns knapp eine Stunde und ich fragte die beiden erst mal, ob sie einverstanden wären. Ich bekam ein »Aber klar doch!« zur Antwort.

Die zwei Stunden mit den Kindern vergingen wie im Flug. Da die beiden großes Interesse an meiner Kamera zeigten, machten wir

200 Kilometer Fahrradwege gibt es auf Sylt (unten)

zunächst ein paar Stop-Motion-Videos mit kämpfenden Dinosauriern, die eine Prinzessin retteten. Jarne ist zudem großer Schlangen-Liebhaber und selbst ernannter Schlangenexperte und ich wurde gründlich befragt, wie vielen Schlangen ich auf meiner Reise begegnet bin. Ich erinnerte mich, dass ich kurz vor Berlin eine Schlange gesehen und gefilmt hatte, was Jarne natürlich umgehend sehen wollte.

Um aus einigen Hundert Gigabyte Material genau diese eine Szene zu finden, saßen wir zu dritt gut eine Viertelstunde vor dem Laptop. Jarne zählte bereits auf, welche Schlangen es in Deutschland gibt, und er war aufgeregt, endlich meine gefilmte Schlange zu sehen. Als ich dann schließlich die Szene gefunden hatte, fragte ich Jarne, ob er wüsste, was für eine Schlange das sei. »Das ist eine Blindschleiche«, antwortete er sichtlich enttäuscht.

Obwohl ich an diesem Tag nur 50 Kilometer Fahrt hinter mir hatte, war ich am Ende des Tages so platt, als hätte ich einen Ironman hinter mir. Als ich aufwachte, stand bereits das Frühstück auf dem großen Balkon mit Blick auf den Garten.

Sven ist Hobby-Triathlet und war für die Etappe Richtung Nordsee dabei. Er fuhr sein Rennrad und ich hatte Schwierigkeiten mitzuhalten, da mein E-Bike bei 25 km/h aufhört zu unterstützen. Sven aber fuhr meistens so um die 30 km/h.

Unser erster Halt war in Eckernförde, wo wir uns am Hafen ein außerordentlich leckeres Fischbrötchen genehmigten. Sven kam noch bis ins Wikinger Museum in Schleswig mit. Wer immer schon einmal wissen wollte, wie die Menschen im Frühmittelalter lebten, wird in der aufwendig rekonstruierten Siedlung Antworten finden. Das hochinteressante Museum gehört mittlerweile zum UNESCO-Weltkulturerbe.

Nach dem Museumsbesuch machte ich mich alleine auf den Weg in Richtung Sylt. Die Insel ist mit dem Rad nicht zu erreichen und so musste ich den Zug nehmen, der über einen Damm auf die Insel fährt. Bis dato hatte mich Sylt nie interessiert, da ich der Überzeugung war, dass hier nur botoxaufgespritzte Millionärsgattinnen unterwegs sind, die den ganzen Tag Kaviar essen und Champagner trinken. Nicht unbedingt meine Welt. Ich war nur aus einem einzigen Grund hier: Ich wollte an Deutschlands nördlichstem Punkt stehen.

Sylt gehört sicherlich zu den bekanntesten und beliebtesten Inseln Deutschlands. Nach der ersten Nacht in Kampen hatte ich einen ganzen Tag, um die Insel zu erkunden. Überrascht war ich zunächst, als mir mein Hotelier erzählte, dass es über 200 Kilometer

Fahrradwege auf der Insel gibt. Ebenfalls erfuhr ich von ihm, dass sich die teuerste Straße Deutschlands, was den Quadratmeterpreis Grundfläche betrifft, hier auf Sylt befindet. Ich lag also mit meiner Schickimicki-Vermutung richtig – dachte ich.

Nach wenigen Minuten – ich radelte gerade an bewachsenen Dünen entlang – musste ich mir eingestehen, dass die Insel wunderschön ist. Sobald ich das kleine Örtchen Kampen verlassen hatte, stand ich inmitten einer atemberaubenden Natur. Sylt verfügt immerhin über einen durchgängigen, fast 40 Kilometer langen Sandstrand.

Es war zwar ein etwas trüber und bewölkter Tag, aber ich fuhr mehrmals direkt an den Strand. Einmal saß ich da, blickte aufs Wasser, schaute einmal nach links, einmal nach rechts und zählte gerade mal 20 Leute bis zum Horizont – und das im Juli, also in der Hochsaison.

Wie sehr ich doch von Vorurteilen geprägt war! Warum hatte ich mich nie gefragt, weshalb diese Insel so beliebt ist? Wohl kaum, weil es hier hässlich und schrecklich ist. Auch sind nicht nur überhebliche Millionäre unterwegs, sondern ganz normale Leute.

Der nördlichste Teil Sylts, eine Halbinsel, wird wegen seiner Form auch Ellenbogen genannt. Der Ellenbogen ist aber nicht nur der nördlichste Teil der Insel, sondern auch des ganzen Landes. Direkt am Strand gibt es ein Schild, auf dem steht: »Sie stehen am nördlichsten Landpunkt Deutschlands«. Vor diesem Schild wollte ich natürlich ein Selfie machen.

Gerade als ich am frühen Nachmittag am Ellenbogen ankam, fing es derart heftig zu regnen an, dass die wenigen anderen Besucher noch nicht einmal ihre Autos verließen. Die Lust, meine Kameraausrüstung durch den strömenden Regen am Strand entlangzutragen, ging gegen null – zumal ich gar nicht wusste, wo genau sich dieses Schild befand. Also machte ich oben auf der Düne, gefühlt 50 Meter Luftlinie vom Schild entfernt, mein Selfie.

Pünktlich zwei Stunden vor Tagesende hörte es wieder auf zu regnen und ich ging an die Strandpromenade in Kampen, um mir den Sonnenuntergang von einem Strandkorb aus anzusehen. Die Abendstimmung war grandios: Das Meer war aufgewühlt und peitschte ans Ufer, die untergehende Sonne kämpfte sich immer wieder durch die Wolkendecke. Selten zuvor hatte ich so einen wunderbaren Sonnenuntergang gesehen.

Der Nordseeküsten-Radweg

Meine erste mehrtägige Fahrradtour unternahm ich mit 18 Jahren, als ich noch zur Schule ging und gerade Sommerferien waren. Für zwei Wochen ging es damals nach Dänemark und einen Großteil der Strecke fuhr ich auf dem Nordseeküsten-Radweg. Als ich nun am Deich entlangradelte, musste ich an meine erste Tour zurückdenken und schmunzelte: Nicht in meinen wildesten Träumen hätte ich mir zu jener Zeit vorstellen können, eines Tages hauptberuflich Fahrrad zu fahren.

Der Damm an der Nordsee ist gut zehn Meter hoch und birgt ein Dilemma: Fährt man auf dem Damm, peitscht einem der Wind ordentlich ins Gesicht und trotz E-Bike wird das Fahren sehr anstrengend. Radelt man windgeschützt unterhalb des Dammes, gibt es außer Damm und Schafen nicht viel zu sehen. Nicht dass hier Missverständnisse entstehen: Ich liebe die Nordsee! Nur hat mir die Ostsee zum Fahrradfahren besser gefallen.

Besonders pittoresk fand ich die Gegend rund um Sankt Peter-Ording, wo eines der Wahrzeichen Schleswig-Holsteins steht: der Westerhever Leuchtturm. Er ist schon aus einigen Kilometern Entfernung zu erkennen, denn bis zum Horizont ist alles flach. Da der Leuchtturm mitten im Schutzgebiet thront, gibt es weit und breit kein weiteres Gebäude. Das Rot-Weiß des Leuchtturms steht im Kontrast zu den grünen Salzwiesen und dem Blau von Himmel und Meer. Ein herrlicher Anblick.

Ich folgte der Küste für einige Tage, bis ich Brunsbüttel erreichte. Der Ort selbst ist geprägt von Schwerindustrie, was nicht dazu einlud, lange zu bleiben. Also machte ich mich auf den Weg zur Fähre, um die Elbe zu überqueren – den Fluss, dem ich schon über 700 Kilometer gefolgt war.

Die Fähre brauchte 90 Minuten bis Cuxhaven, das bereits in Niedersachsen liegt und wo die Elbe stolze 15 Kilometer breit ist. Ich verbrachte noch einige Zeit am Hafen, um das geschäftige Treiben auf mich wirken zu lassen. Es war sehr viel Verkehr auf dem Wasser. Via Lautsprecher informierte ein unterhaltsamer Norddeutscher über jedes Schiff, das am Horizont auftauchte. Er wusste nicht nur über Größe und Ladevolumen Bescheid, sondern konnte auch sagen, unter welcher Flagge das Schiff fuhr, wo es herkam bzw. hinfuhr.

Wo die Stadtmusikanten zu Hause sind

Mein Geburtstag nahte und Marion hatte sich drei Tage freigenommen, um nach Bremen zu kommen. Sie hatte unseren Aufenthalt dort organisiert und gab mir die Adresse unserer Unterkunft mit der klaren Ansage, nicht zu überprüfen, um welches Hotel es sich handelte. Das hörte sich irgendwie nach Überraschung an.

Bis nach Bremen folgte ich dem Weserradweg, auf dem es, ähnlich wie an der Küste, immer dem Deich nach geht. In Bremen-Nord traf ich mich mit Daniel Stingl, einem Busfahrer, der wegen einer seltenen Krankheit bereits im Vorruhestand ist. Als Erstes wurde ich von ihm darüber aufgeklärt, dass es für Bremen-Norder sehr wichtig ist, keine Bremer, sondern eben Bremen-Norder zu sein. Auch Jan Böhmermann stamme ja aus Bremen-Nord.

Daniel ist ein lustiger Zeitgenosse und wir hatten viel Spaß miteinander. Seine Lieblingspizzeria zum Beispiel ist in Berlin, nur kommt man da als Bremer nicht so oft hin. Also lässt er sich einfach über Mitfahrgelegenheit die Pizza liefern. Einmal hatte er einen Fahrer, der jedes Wochenende seine Freundin in Berlin besuchte und sonntags auf dem Rückweg Pizza mitbrachte – bis sich die beiden irgendwann trennten. Dazu meinte Daniel ganz trocken: »Der Einzige, der wegen der Trennung geheult hat, war ich.«

Daniel begleitete mich noch bis zur Adresse, die ich von Marion erhalten hatte. Ich staunte nicht schlecht, als ich am Park Hotel am Hollersee ankam. In dem Fünf-Sterne-Hotel waren schon Größen wie Michael Jackson oder Siegfried und Roy abgestiegen. Die charakteristische Kuppel des Hotels gibt es bereits seit 1912. Auf jeden Fall eine gelungene Geburtstagsüberraschung.

Wir blieben drei Nächte und hatten zwei Tage Zeit, um die stolze Hansestadt zu erkunden. Am Ankunftstag allerdings haben wir das Hotel nicht mehr verlassen, was uns angesichts des tollen Spa-Bereichs und des Zimmers mit großem Balkon mit Blick in den Park nicht sonderlich schwerfiel.

Das älteste Viertel Bremens ist das Schnoorviertel. Es besteht seit dem 13. Jahrhundert. Wir schlenderten durch enge, mittelalterliche Gassen mit Kopfsteinpflaster, heute Heimat von Galerien, Kunsthandwerksbetrieben, Cafés und Restaurants. Früher lebten

hier Fischer und Schiffer, die auch für die Namensgebung des Viertels verantwortlich waren. Das Quartier verdankt seine Bezeichnung nämlich dem alten Schiffshandwerk. Die Gänge zwischen den Häusern stehen oft in Zusammenhang mit Berufen oder Gegenständen: So gibt es einen Bereich, in dem Seile und Schnüre hergestellt wurden. Schnur heißt auf Niederdeutsch »Schnoor«.

Je älter ich werde, desto unspektakulärer fallen meine Geburtstage aus. Haben wir früher noch die Nacht durchgefeiert, bin ich heute ganz froh, wenn kein zu großer Wirbel gemacht wird. Marion und ich gingen schön zum Essen und ließen den Abend bei einem Cocktail ausklingen.

Nach zwei Tagen ohne Rad war es an der Zeit, wieder auf den Drahtesel zu steigen. Als ich mich von Marion am Hotel verabschiedete, herrschte praller Sonnenschein, obwohl es deutlich kühler war als an den vorherigen Tagen. Es stand eine lange Etappe mit 125 Kilometern bis nach Ostfriesland an.

Im Laufe des Tages wurde die Sonne von einer dunkelgrauen Wolkendecke verdeckt. Der Wind blies so heftig, dass sich die Bäume am Straßenrand bedenklich bogen. Und er war kalt, eisig kalt – wie an einem Januarmorgen, wenn über Nacht leichter

Schnee gefallen ist. Ich zog meinen Pulli und beide Jacken an und trotzdem bereute ich es, keine Winterhandschuhe dabeizuhaben.

Ich hatte eine Privatübernachtung in Großefehn bei Familie Schubert. Carsten Schubert kommt ursprünglich aus Düsseldorf und zog vor 20 Jahren der Liebe wegen nach Ostfriesland. Seine Frau Daniela ist nämlich ein Inselkind, wie sie selbst sagt, und auf der Nordseeinsel Borkum geboren. Das fand ich natürlich superinteressant und löcherte sie mit Fragen. Ich erfuhr von ihr, dass es durchaus genial ist, auf einer Insel zu leben. So ging sie zum Beispiel zu Fuß in die Schule, denn einen Schulbus gab es nicht.

Zu den weiteren Vorzügen des Insellebens sagte sie: »Wenn du auf Borkum wohnst, können alle Party machen und was trinken, denn alle laufen einfach nach Hause. Das hab ich zu Beginn nie verstanden, als ich aufs Festland gezogen bin und Leute meinten, ich könnte nichts trinken, da ich noch fahren muss. Ich habe dann immer gefragt: wohin?«

Mit Daniel durch Bremen

Ostfriesland – Radlertraum an der Nordsee

Im Fahrradladen von Stephan Oltmanns in Großefehn bin ich schon einige Male mit meinen Reisevorträgen aufgetreten. Deshalb wollten er und sein Mitarbeiter Sascha Spies natürlich auch bei meiner Deutschland-Tour dabei sein.

Bevor es losging, bin ich noch schnell rüber in den gegenüberliegenden Supermarkt, um ein wenig Proviant zu kaufen. An der Kasse unterhielt sich eine ältere Dame mit der Kassiererin, es ging vermutlich übers Wetter oder die Lottozahlen. So genau kann ich das gar nicht sagen, denn die beiden redeten Plattdeutsch. Zum ersten Mal auf meiner Reise verstand ich kein Wort von dem, was zwei Deutsche gerade redeten. Für einen Bayern ist Plattdeutsch genauso verständlich wie Niederländisch.

Wir folgten zunächst der Fehnroute in Richtung Wiesmoor. Der Name »Fehn« stammt aus dem Niederländischen und bedeutet »Moor«. Wir radelten entlang von Kanälen, die typisch für die Region sind und entlang derer die Häuser wie an einer Perlenschnur aufgereiht sind. Der Fehnkanal, die sogenannte Hauptwieke, diente einst der Entwässerung des Moores, heute führen die Kanäle noch in die Nordsee. Typisch für die Region sind auch die weißen Zugbrücken, die den Weg über die Kanäle ermöglichen.

Mittagessen gab es in Wilhelmshaven, der zweitgrößten Stadt Niedersachsens. Wir saßen in einem kleinen Restaurant mit wunderbarem Meerblick und Sascha schlug vor, noch einen Besuch im Deutschen Marinemuseum zu machen. Hier bekommt man einen interessanten Einblick in die wechselhafte Geschichte der Marine von 1848 bis heute. Neben einem Zerstörer und einem Minenjagdboot kann man auch ein U-Boot besichtigen.

Als wir nach drei Stunden das Museum wieder verließen, zeigte die große Uhr über dem Eingang bereits halb vier an. Da wir noch 40 Kilometer bis zum Tagesziel vor uns hatten, schwangen wir uns umgehend auf die Räder und folgten dem Nordseeküsten-Radweg in Richtung Norden.

Die Route führte uns vorbei an Hooksiel und am Milliardengrab namens Jade-Weser-Port bis nach Schillig, dem nordöstlichsten Punkt Frieslands. Nach insgesamt knapp über 90 Tageskilometern waren wir am Ziel. Das kleine Örtchen ist stolzer Besitzer eines der größten Campingplätze in Europa, genauer gesagt: Der Ort ist der Campingplatz. Auch Stefan hat hier einen Wohnwagen stehen, in dem wir zwei Nächte verbringen konnten.

Das Leben an der Nordseeküste ist geprägt von den Gezeiten und da am frühen Morgen Flut war, kam der Schlaf zu kurz. Stefans Camping-Nachbar Mario hatte versprochen, mich auf seinem Boot mitzunehmen. Es war eher eine kleine Rennsemmel, auf der bis zu fünf Personen Platz fanden. Es war grau und ein frischer Wind wehte, aber zumindest sah das Wasser relativ ruhig aus. Das änderte sich, als wir uns ein paar 100 Meter vom Ufer entfernten. Wenn ein Voralpenlandbewohner in einer Nussschale sitzt, erscheinen auch zwei bis drei Meter hohe Wellen wie Riesenberge. Jedenfalls war ich froh, eine Rettungsweste zu tragen.

Um über die Wellen zu kommen, gibt es zwei Möglichkeiten. Entweder man fährt langsam und nimmt die Wellentäler mit, oder man gibt Vollgas, um über die Wellen »hinwegzufliegen«. Mit einem fetten Grinsen und mit sichtlich viel Spaß entschied Mario sich für die zweite Variante und es ging mit 60 km/h übers Wasser.

Nachdem ich den kleinen Bootsausflug überlebt hatte, machte ich am Nachmittag gemeinsam mit Stefan eine Wattwanderung bei Ebbe. Es ist einfach unglaublich, sich zu Fuß einige Hundert Meter vom Strand zu entfernen, wo ein paar Stunden zuvor das Wasser noch meterhoch stand. Der Tidenhub, also der Unterschied zwischen Ebbe und Flut, beträgt an der deutschen Nordsee im Durchschnitt zweieinhalb Meter. Das gesamte Gebiet ist als Nationalpark Wattenmeer streng geschützt.

Bei einer Wattwanderung sollte man sich entweder einer Führung anschließen oder die Gezeiten sehr genau im Auge behalten. Jährlich müssen einige Touristen gerettet werden, da sie die Geschwindigkeit, mit der die Flut zurückkehrt, unterschätzen. Der kurze Hubschrauber-Flug mit Wasserrettung kostet stolze 2500 Euro und muss aus eigener Tasche bezahlt werden.

Nach der zweiten Nacht im Camper machte ich mich auf den Weg zum nächsten Treffpunkt in Esens, wo ich Carsten wiedertraf, bei dem ich bereits übernachtet hatte. Ich folgte der gut ausgeschilderten Tour de Fries und machte einen kurzen Stopp in dem schmucken Örtchen Carolinensiel mit seinem beschaulichen Hafen.

Als ich in Esens ankam, wartete Carsten bereits auf mich. Bei herrlichen 25 Grad verloren wir keine Zeit und fuhren gleich weiter, denn wir wollten noch am selben Tag auf Norderney ankommen und den Rest des Tages auf der Insel verbringen. Norderney ist die am einfachsten zu erreichende Nordseeinsel. Im Sommer legen hier stündlich Fähren ab und nach einer 45-minütigen Fahrt kommt man auf der 26,3 Quadratkilometer großen Insel an.

Nach einer Stärkung in der gleichnamigen Siedlung, der einzigen auf Norderney, begaben wir uns auf Schlafplatzsuche. Ziemlich genau in der Mitte der Insel wurden wir fündig. Der kleine Zeltplatz gehört zur Jugendherberge und es sind nur Zelte und keine Camper erlaubt. Der Platz ist wunderschön zwischen den Dünen gelegen.

Zu Sonnenuntergang fuhren wir zur »Weißen Düne«, einem bekannten Strandabschnitt. Als wir ankamen, fiel mir fast die Kinnlade runter: Ich stand schon an den schönsten Stränden Thailands oder Australiens – dieser hier konnte mit allen problemlos mithalten. Mehrere Hundert Meter breit, sich bis zum Horizont erstreckend und kein Mensch war weit und breit zu sehen. Bei Wellenrauschen schauten wir zu, wie die Sonne blutrot im Meer versank, während hinter uns der Vollmond über den Strandkörben aufging.

Die Nacht im Zelt mit Blick auf den Leuchtturm war windstill und sehr ruhig. Am nächsten Morgen nahmen wir die 12-Uhr-Fähre zurück aufs Festland.

In der Ortschaft Norden gab mir Helmut Fischer, ein pensionierter Lehrer, noch eine geführte Fahrradtour zum Thema Deichbau. Im 13./14. Jahrhundert ging ein großer Teil Ostfrieslands bei Sturmfluten verloren. Über Jahrzehnte hinweg holten sich die Menschen das Land wieder vom Meer zurück, indem sie Gebiete erst trockenlegten und dann neue Deiche bauten. Vor 200 Jahren hätte an vielen Stellen, wo heute Landwirtschaft betrieben wird, meterhoch das Wasser gestanden.

Nach einer erneuten Privatübernachtung in Norden ging es für mich vorbei an der Leybucht nach Greetsiel. Es ist vielleicht eines der hübschesten Örtchen Ostfrieslands mit seinen alten roten Backsteinhäusern und dem kleinen Hafen, in dem Ausflugsschiffe und Krabbenfischer liegen.

Von Greetsiel aus war es nur noch ein Katzensprung nach Emden, wo ich bei einem Fischbrötchen meine nächsten Reisetage plante. Es lagen noch fünf Bundesländer und unzählige interessante Begegnungen vor mir. Aber ich wusste auch, dass ich die Küste mit ihren Bilderbuch-Stränden und den Dünen nicht mehr sehen würde. Und ich merkte, dass ich Ostfriesland bereits jetzt vermisste.

Radeln in Ostfriesland mit Stephan und Sascha (oben)
Strandspaziergang mit Carsten auf Norderney (unten)

Irre – ein Zughotel

Die Ems ist mit 371 Kilometern der längste Fluss, der sowohl in Deutschland entspringt als auch in Deutschland ins Meer mündet. Ich folgte für zwei Tage dem gut ausgeschilderten Emsradweg. Es ging vorbei an Papenburg und der Meyer Werft, wo viele der Kreuzfahrtschiffe gebaut werden, die auf den Weltmeeren unterwegs sind.

Bei Lingen verließ ich die Ems wieder, um in Richtung Merzen im Landkreis Osnabrück zu fahren. Hier hatte ich noch einmal eine kuriose Unterkunft gefunden.

Familie Dückinghaus betreibt bereits seit 50 Jahren ein Hotel und Restaurant im Ort, der allerdings nicht unbedingt ein Touristenmagnet ist. Somit musste sich die Familie etwas einfallen lassen, um Gäste in ihr Hotel zu locken. Vor einigen Jahren kauften sie sieben ausrangierte Zugabteile und restaurierten diese liebevoll. So entstanden zwei Doppelzimmer pro Waggon und Familie Dückinghaus baute sogar einen Bahnsteig, um mit den entsprechenden Utensilien das Flair eines echten Bahnhofs zu erzeugen.

Die Rechnung ging auf. Mittlerweile kommen Eisenbahn-Liebhaber aus ganz Deutschland, um hier zu übernachten. Einige reisen sogar über 200 Kilometer weit an, nur um am Abend im Restaurant zu essen. Denn auch im Restaurantbetrieb funktioniert ohne den Zug absolut nichts: Durch das komplette Restaurant führt eine Modelleisenbahn, die nicht nur Dekoration ist, sondern aktiv mithilft.

Jeder Tisch hat seinen eigenen Bahnhof und für meine Bestellung füllte ich einen Zettel aus, auf dem ich ankreuzte, was ich gerne haben wollte. An jedem Tisch sind zwei Knöpfe vorhanden: »Bestellen« und »Fertig«. Als ich also meinen Zettel ausgefüllt hatte, drückte ich den ersten Knopf und Sekunden später kam eine kleine Lok angefahren, mit einem aufgeklebten Nagel, auf den ich meinen Zettel steckte. Auf »Fertig« gedrückt, rauschte die Lok wieder davon in Richtung Tresen und Küche. Einige Minuten später kam ein Zug mit zwei Waggons zu meinem Tisch gefahren. Auf dem ersten stand mein Bier und auf dem zweiten lag mein Besteck.

Noch nie wurde mir auf so kuriose und coole Art mein Bier an den Tisch gebracht. Da war er wieder, der kleine Junge in mir mit den leuchtenden Kinderaugen.

Bahnhofhotel in Merzen (oben)
Morgens am Emsradweg (unten)

Kurze Pause im Sauerland

Westdeutschland – viele Städte und viel Natur

NRW – Das bevölkerungsreichste Bundesland

Der Nordrhein-Westfale ist ein fröhlicher Bergmann, der durch eine hässliche Stadt auf dem Weg in Richtung Fußballstadion ist, während er mal wieder im Stau steht ... Als ich die Reise plante, hatte ich genau dieses Bild im Kopf (okay, da waren sie wieder, die Vorurteile!) und ging davon aus, im gesamten Bundesland nichts außer Städte und Menschen zu sehen, denn mit fast 18 Millionen Einwohnern ist Nordrhein-Westfalen, kurz NRW, das bevölkerungsreichste Bundesland Deutschlands.

Von meiner Übernachtung im Zughotel bis zur Grenze nach NRW waren es nur wenige Kilometer und ich hatte Ostwestfalen erreicht. Und ich war positiv überrascht: Von Schwerindustrie oder Menschenmassen war nichts zu sehen. Ganz im Gegenteil: Ich fuhr durch grüne Landschaften auf Fahrradwegen fernab der Hauptstraße.

Ich kenne die Region bzw. die Menschen schon ein bisschen von meinen Vorträgen, denn auch in Ostwestfalen war ich bereits zu Gast. Ich versuche, meine Liveshows immer kurzweilig und humorvoll zu gestalten. Bei meinem ersten Auftritt hier lachte allerdings niemand. Es herrschte Totenstille und man hätte eine Stecknadel fallen gehört, so sie denn gefallen wäre. Nach den ersten zehn Minuten – hier sollte bereits fünfmal laut gelacht worden sein – zogen die Zuschauer noch nicht mal die Mundwinkel nach oben und ich dachte bei mir: »Die haben grad den schlimmsten Abend ihres Lebens.« Nach der Show dann kamen zahlreiche Zuschauer zu mir, bedankten sich für den unterhaltsamen Abend und meinten, sie hätten selten so viel gelacht wie heute.

Diese kleine Anekdote beschreibt den Ostwestfalen ganz gut, der zum Lachen wohl wirklich in den Keller geht. Aber natürlich sind solche Verallgemeinerungen nicht auf jeden zutreffend. Hartmut Stricker und sein Nachbar Toni stellten das unter Beweis.

In Herford traf ich die beiden. Sie hatten die Route bis ins 60 Kilometer entfernte Paderborn organisiert. Bereits beim ersten Kaffee lachten wir alle drei sehr viel und es herrschte eine lockere Stimmung.

Hartmut arbeitet in einem Fahrradladen und verkauft bereits seit 20 Jahren E-Bikes. Da wollte ich natürlich wissen, wie er die Entwicklung sieht.

»Die Entwicklung ist schon gewaltig. Mein erstes E-Bike habe ich vor 18 Jahren verkauft, damals an ein älteres Ehepaar. Die maximale Reichweite lag bei 25, vielleicht 30 Kilometern und darüber hat sich nie jemand beklagt. Heute kann man über 200 Kilometer Reichweite erzielen und das E-Bike ist zum Lifestyle-Produkt geworden. Für mich auf jeden Fall eine schöne Entwicklung«, resümierte Hartmut.

Nachdem ich an den beiden vorherigen Tagen alleine unterwegs war, hatte ich an diesem Tag gleich mehrere Mitfahrer. Am Vormittag Hartmut und Toni, dann begleitete mich am Nachmittag Wigbert Wördehoff von Paderborn aus bis Hegensdorf bei Büren, wo sein Haus steht. Ich war eingeladen, dort die Nacht zu verbringen.

Wir folgten auf den ersten Kilometern der Lippe, einem weiteren Flussradweg. Falls jemand noch nie eine mehrtägige Radreise unternommen hat und nun, beim Lesen dieses Buches, vielleicht Lust bekommt, selber aufs Rad zu steigen, dem sei gesagt: Mit einem Flussradweg kann man nicht viel falsch machen. Nahezu jeder Fluss in Deutschland hat einen begleitenden Fahrradweg. Meistens ist es flach, die Infrastruktur sehr gut und alle paar Kilometer kommt eine Ortschaft, in der es Essen und Unterkünfte gibt.

Wigbert radelt jeden Tag, egal bei welchem Wetter, zehn Kilometer in die Arbeit und abends wieder zurück. Dazwischen liegt ein steiler Anstieg. Demzufolge war er ziemlich fit und auch ohne E-Bike flott unterwegs. Und natürlich kannte er die Region wie seine Westentasche. So fuhren wir über Feld- und Waldwege bis zu seinem Haus, wo uns seine Ehefrau Annelie erwartete.

Sie hatte bereits Kaffee und Kuchen vorbereitet und zum Kuchen gab es Eiskaffee. Auf meinen Einwand hin, dass dies für meinen Bauchumfang nicht sonderlich hilfreich sei, meinte sie, ich sei ja schließlich den ganzen Tag Fahrrad gefahren und könne daher ein paar Kalorien zu mir nehmen. Das Problem: Auch diesen Satz habe ich gefühlt 200 Mal auf meiner Reise gehört, ähnlich wie den, ich könne Nachschlag vertragen. Jeder zweite Mitfahrer stellte mir seine Lieblingskonditorei vor und abends gab es oft lokales Bier oder Wein.

Bisher hatte ich bei all meinen Fahrradreisen ordentlich Gewicht verloren. Selbst bei der E-Bike-Tour durch Australien wog ich am Ende sechs Kilo weniger. Als ich mich am Ende meiner Deutschlandreise auf die Waage stellte, musste ich feststellen, dass ich zweieinhalb Kilo zugenommen hatte – nach viereinhalb

Pferd auf der Wiese (oben)
Keine Stadt zu sehen, die ersten Tage in NRW (unten)

Monaten Fahrradfahren! Die deutsche Küche ist nun wahrlich nicht die leichteste.

Wie immer auf der Reise habe ich auch an jenem Abend versucht, bis spätestens 23 Uhr im Bett zu sein. Mindestens sieben Stunden Schlaf tun mir gut, da ich bei weniger meist ziemlich unausstehlich bin – behauptet zumindest meine Frau.

Annelie und Wigbert begleiteten mich noch bis nach Büren, dann ging es für mich alleine weiter in Richtung Dortmund. Am Nachmittag machte ich Pause am Möhnesee, einem Stausee auf halbem Weg nach Dortmund. Während des Zweiten Weltkriegs wurde die Staumauer bombardiert und zerstört. Die daraus resultierende Flutwelle richtete bis weit in das Ruhrgebiet hinein großen Schaden an und 1500 Menschen verloren dabei ihr Leben.

Als mein Navi nur noch 20 Kilometer bis nach Dortmund anzeigte, dachte ich, ich hätte mich verfahren. Denn ich stand immer noch mitten auf einem Feldweg: links von mir Mais, rechts Weizen. Und das sollte jetzt der überbevölkerte Ruhrpott sein? Bis zur ersten Ampel vergingen weitere zehn Kilometer und schließlich hatte ich die Stadtgrenze erreicht.

Dortmund gehörte zu den Orten, über die ich wenig wusste und wo ich bisher noch nie gewesen war. Da ich niemanden hatte, der mir etwas von der Stadt zeigen konnte, postete ich morgens auf meiner Facebook-Seite: »Bin heute in Dortmund, hat jemand Zeit und Lust, sich mit mir zu treffen und mir etwas von der Stadt zu zeigen?« Und tatsächlich meldete sich Fabian bei mir, der meinte, er hätte um 18 Uhr Feierabend und könnte bis um 19 Uhr in der Stadt sein. Direkt am selben Tag Kontakte über die sozialen Medien zu bekommen, hatte also zum wiederholten Male gut funktioniert. Für irgendwas war dieses Facebook manchmal doch gut.

Die geilste Stadt der Welt

Ich checkte in ein kleines Hotel direkt gegenüber dem DFB-Museum ein. Aufgrund der Größe des Hotels war es gar nicht so einfach, einen Abstellplatz für mein Rad zu finden. Aber in den Großstädten würde ich mein Rad niemals über Nacht draußen stehen lassen, auch wenn das manchmal eine längere Diskussion mit dem Hotelier zur Folge hat. Schließlich fand sich noch ein Plätzchen neben dem Kühlhaus. Da ich an diesem Tag gut 110 Kilometer hinter mich gebracht hatte, duschte ich erst einmal.

Pünktlich um 19 Uhr stand Fabian mit seinem Rad vor der Tür und hatte noch seinen Kollegen Lucas mitgebracht. Wie sollte es auch anders sein: Die beiden arbeiten natürlich in einem Fahrradladen.

Genau ein Abend blieb mir, um ein bisschen was von Dortmund kennenzulernen, weil ich bereits am nächsten Morgen weiterfuhr. Die beiden führten mich zunächst in den Bergmann, ein Kiosk, der sein eigenes Bier verkauft. Hier trifft sich nach Feierabend jeder, ob Schlipsträger aus der Bank oder Kassiererin aus dem Supermarkt. Und alle reden miteinander, was den besonderen Reiz dieser Stadt ausmache, wie mir Fabian erklärte. Für Lucas und Fabian ist Dortmund nämlich die geilste Stadt der Welt.

»Du gehst hier durch die Stadt und siehst die einen mit einem Prada-Täschchen und die anderen, die auf der Straße leben, und trotzdem halten alle zusammen. Das macht Dortmund und das gesamte Ruhrgebiet für mich aus. Es ist so eine Arbeiterstadt nach dem Motto ›Harte Arbeit – ehrlicher Lohn‹. Viele haben, wie ich auch, auf der Zeche gelernt, also in der Stahlindustrie, und das ist nach wie vor in den Köpfen drin. Hier halten wirklich einfach alle zusammen. Das finde ich supertoll!«, schwärmte Fabian.

Für Lucas liegt der große Reiz der Stadt in ihrer Nähe zur Natur – was ich auf meinem Weg ebenfalls schon festgestellt hatte. Von der Dortmunder Innenstadt zum Beispiel sind es nur wenige Minuten auf dem Rad und man steht bereits im Grünen.

Wir gingen noch in ein Restaurant auf dem Markt in der Innenstadt. Ich hatte schon davon gehört, dass Pokémon GO seit zwei, drei Wochen in aller Munde war. Nun konnte ich zum ersten Mal live miterleben, was das bedeutete: Scharen von Jugendlichen liefen wie Zombies, auf ihr Handy starrend, umher. Irgendwann

Mit Fabian und Lucas unterwegs in Dortmund (oben)
Das Dortmunder U – eines der Wahrzeichen der Stadt (unten)

muss irgendwo ein seltenes Pokémon aufgetaucht sein, da sich ein Tross von 200 Heranwachsenden plötzlich im Vollspurt in eine Richtung bewegte – nur um wenige Minuten später wieder zurückzukehren. »Hat das Pokémon wohl Feierabend gemacht«, grinste ich.

Zum Abschluss erklärten mir Lucas und Fabian, dass es sich beim berühmten Dortmunder »U« nicht um eine U-Bahn-Station handelt, wie ich zuerst annahm, sondern um ein Zentrum für Kunst und Kreativität. Früher hatte hier die Union-Brauerei ihren Sitz, daher das überdimensionale »U« auf dem Dach – heute eines der Wahrzeichen der Stadt.

Mein nächstes Ziel hieß Duisburg. Während ich auf dem Weg nach Dortmund durch ländliche Gegenden fuhr, sah ich an diesem Tag wirklich ausschließlich Stadt. Auf den 67 Kilometern – die Route führte über Bochum und Essen – kam es mir vor, als würde ich durch eine einzige große Metropole fahren. Außer den Ortsschildern gab es keinerlei Anzeichen dafür, wo die eine Stadt anfing und die andere endete. Mit über fünf Millionen Einwohnern ist das Ruhrgebiet der größte Ballungsraum in Deutschland und der fünftgrößte in Europa.

Nach mittlerweile 5000 Kilometern auf meinem Rad war es an der Zeit für eine weitere Inspektion. Sosehr ich das Fahrradfahren liebe, muss ich doch zugeben, dass ich ein ziemlich lausiger Mechaniker bin. Sobald die Dinge nicht so laufen wie gedacht, verliere ich beim Schrauben schnell die Geduld. Deshalb lasse ich immer jemanden draufschauen, der den ganzen Tag nichts anderes macht und sich gut auskennt.

Kette, Kassette und Bremsbeläge wurden also erneuert. Am Hinterrad benötigte ich eine neue Felge, da es einen Riss gab, was sicherlich dem vielen Gepäck geschuldet war. Überhaupt nutzen sich aufgrund der etwas höheren Geschwindigkeit mit einem E-Bike die Bremsbeläge etwas schneller ab. Faustregel bei mir ist, in etwa alle 2500 Kilometer die Kette und die Bremsbeläge auszutauschen.

Bis mein Fahrrad wieder auf Vordermann gebracht war, neigte sich der Tag bereits dem Ende zu. Über Duisburg wusste ich ebenfalls rein gar nichts. Mir fiel aber wieder meine Abiturfeier ein. Damals blickten wir in die Zukunft und überlegten, was aus uns werden sollte. Einer meinte, wenn jemand es zu nichts bringe im Leben, müsse er halt nach Duisburg ziehen und dort von Hartz IV leben. Es war für uns ein Ort des Schreckens, obwohl niemand von uns jemals in Duisburg war. Immer diese Vorurteile!

Killepitsch

Ronald Faller arbeitet als Klimaschutz-Manager in Langenfeld und war nach Duisburg gekommen, um mit mir von dort nach Düsseldorf zu radeln. Wir fuhren durch den Duisburger Innenhafen, nicht weit von der Innenstadt entfernt. Ich war, zugegeben, ein wenig verblüfft, denn von einer heruntergekommenen oder verarmten Stadt war nichts zu sehen. Ganz im Gegenteil: Der Innenhafen war sehr schick und lud zum Flanieren ein mit Bistros, Cafés und Restaurants – und Museen in umgebauten Speichergebäuden.

Für die ersten acht Kilometer brauchten wir knapp drei Stunden, da Ronald ebenfalls gerne fotografiert und es unendlich viele Fotomotive in der Stadt gibt. Schließlich erreichten wir das Monument »Tiger and Turtle«, welches auf einer Halde im Jahr 2011 installiert wurde. Ich erkannte zwar weder den Tiger noch die Schildkröte, war aber trotzdem mehr als beeindruckt. Es handelt sich um eine begehbare Achterbahn und ihre Treppenstufen ermöglichen einen großartigen Blick auf die Industrieanlagen am Rhein.

Da ich noch ein weiteres Treffen in Düsseldorf hatte, mussten wir irgendwann weiterfahren. Ich war zu Gast bei Carsten Gruppe, einem Diplom-Ingenieur, der Trompete in einer Big Band spielt und sich einmal die Woche mit Freunden zum Badmintonspielen trifft. Weil der vierte Spieler ausgefallen war, sollte ich einspringen. Ich hatte schon öfters Badminton gespielt – das letzte Mal war allerdings einige Jahre her. Dass ich dann aber so dermaßen versagte und hauptsächlich Luftlöcher mit meinem Schläger fabrizierte, überraschte mich schon. So schlecht hatte ich mich gar nicht in Erinnerung. Man sollte sich im Leben einfach auf die Dinge konzentrieren, die man gut kann.

Deswegen ging es nach dem Sport noch in die Altstadt zum Biertrinken. Erster Halt war das »Et Kabüffke«, wo ich einen Killepitsch-Likör, der in Düsseldorf hergestellt wird, probieren durfte. Nun ja, gewöhnungsbedürftig, würde ich mal sagen.

Letzte Station war eine Schiffsbar auf dem Rhein für ein Altbier. Sorry, liebe Düsseldorfer, aber ebenfalls gewöhnungsbedürftig. Dafür gab es einen tollen Blick auf den Fluss mit den Reflexionen der verschiedenfarbigen Lichter der Stadt.

Hundert Kilometer sind völlig ausreichend

Um sechs Uhr war ich bereits auf den Beinen, denn es lag ein langer Tag bis nach Aachen vor mir. Bei der ersten Bewegung merkte ich schon, dass mein kläglicher Badminton-Versuch vom Vortag Spuren hinterlassen hatte. Ich hatte heftigen Muskelkater in Beinen und Po!

»Schon faszinierend, dass beim Laufen komplett andere Muskeln beansprucht werden als beim Fahrradfahren«, dachte ich, während ich auf das Fenster zusteuerte, um die Vorhänge aufzuziehen. Und dann das! Es regnete in Strömen und draußen sah es mehr als ungemütlich aus. Meine Motivation, auch nur einen einzigen Kilometer zu fahren, ging in diesem Moment gegen null. Der erste Kaffee konnte diese zumindest auf gefühlt acht Prozent anheben.

Bis zu meinem ersten Treffpunkt war es eine Stunde Fahrzeit durch ganz Düsseldorf, und so saß ich, dick eingepackt in Regenkleidung, bereits um sieben Uhr auf dem Rad. Ich hasse es, zu spät zu kommen, und um acht musste ich an der Stadtgrenze zu Neuss stehen. Hier traf ich Ulrich Corsten, der zum Schutz vor dem Regen unter einer Brücke wartete. Auf den ersten Kilometern des Tages änderte sich am Wetter nichts und Ulrich und ich kamen nach zwei Stunden sehr durchnässt am Schloss Rheydt in der Nähe von Mönchengladbach an.

Alle meine Mitfahrer erhielten von mir stets im Vorfeld per E-Mail ein Infoschreiben. Da stand zum Beispiel drin, dass ich den ganzen Tag über filmen und fotografieren würde und es gut wäre, wenn niemand ein Problem damit hätte. So stand auch geschrieben, dass jeder gerne die Tagesplanung übernehmen darf und ich mich in die Auswahl der Besichtigungen nicht einmische. Denn was immer meine Mitfahrer als interessant betrachteten, wollte ich sehen.

Auch die Routenplanung für den Tag überließ ich meinen Begleitern. Auf dem Infoblatt stand allerdings fett, unterstrichen und mit drei Ausrufezeichen, dass von der Länge her 80 Kilometer am Tag völlig ausreichend sind. Gerne auch weniger, da sehr viel Zeit

---

Rathaus in Aachen (oben)
Mit Eva auf dem Weg nach Aachen (unten)

für das Filmen und Fotografieren draufgeht. Wenn es gar nicht anders geht, können wir auch 100 Kilometer fahren. Aber bitte nicht mehr! Das war der letzte Satz meines Infoblatts.

Eva Damm, eine gut gelaunte Umweltingenieurin aus Bürgen, die wir am Schloss Rheydt trafen, hatte die Strecke bis nach Aachen organisiert. Mit ein paar A4-Ausdrucken eines Kartendienstes stand sie vor mir und meinte leicht betreten:

»Sorry, Max, die Strecke ist ein bisschen länger geworden. Bis wir in Aachen sind, wirst du 110 Kilometer gefahren sein.«

»Kein Problem, auf zehn Kilometer mehr oder weniger kommt es auch nicht mehr an«, beruhigte ich sie.

»Ich kenn hier und da aber noch eine Abkürzung und dann sind es nur 90 Kilometer bis nach Aachen«, so Eva weiter.

Optimistisch schlug ich ihr vor, einfach mal zu starten. Dann würden wir schon sehen, wie der Tag so lief, und konnten unterwegs entscheiden, wo wir entlangfuhren.

Eva spielte früher in der deutschen Badminton-Nationalmannschaft, wie ich auf den ersten Kilometern erfuhr. Irgendwie war ich froh, dass sie am Vorabend nicht dabei war und Zeuge meiner unterirdischen Leistung wurde.

Durch ihren Beruf hat Eva viel Wissen über die Region. So lernte ich, dass wir gerade durch das größte Braunkohlerevier Europas radelten. Das Gebiet erstreckt sich vom Düsseldorfer/Neusser Raum nach Süden bis nach Köln und in Richtung Westen bis an die niederländische Grenze. Hier liegen noch 14 Prozent der weltweiten Kohlevorkommen. Beim aktuellen Verbrauch würde die Kohle noch rund 200 Jahre reichen, wie mir Eva erklärte. Wir hofften aber beide, dass irgendwann der Umwelt zuliebe der Ausstieg aus der Kohle geschafft wird.

Nach der Mittagspause in einem kleinen Restaurant fuhr Ulrich zurück, während Eva und ich uns auf den Weg in die Kaiserstadt machten. Wir nahmen eine von Evas Abkürzungen, die uns in einen Wald führte. Zu Beginn war der Weg breit und gut befahrbar, nach wenigen Kilometern aber nur noch ein schmaler Trampelpfad, durch den Regen aufgeweicht und matschig. Mit 40 Kilo Gepäck ging es nur in Schrittgeschwindigkeit vorwärts, was auf die gute Stimmung aber keinen Einfluss hatte.

Zwischendrin war sich Eva nicht mehr ganz sicher, wo wir genau waren, aber die Himmelsrichtung stimmte. 30 Kilometer vor Aachen kam uns Tobi entgegen, ein guter Freund von Eva, der in Aachen wohnt und mir ein Bett für die Nacht angeboten hatte.

Eva selbst wohnt nicht in Aachen und fuhr am Abend noch nach Hause, da sie am nächsten Tag wieder in die Arbeit musste.

Bis wir Aachen erreichten, dämmerte es bereits. Zu diesem Zeitpunkt war ich über 13 Stunden unterwegs und der Tacho zeigte stolze 160 Tageskilometer an. Kurz: Evas Abkürzungen haben nicht ganz so gezündet.

Trotzdem war es ein unvergesslicher Tag. Denn als wir in der Stadt ankamen, lotsten Tobi und Eva mich in ein Parkhaus. Wir fuhren auf die oberste Etage und kletterten per Räuberleiter auf das Dach des Treppenhauses. Eva hatte ein Flasche Wein und ein kleines Abendessen mitgenommen. Von hier oben hatten wir einen unvergesslichen Blick auf die Stadt in Abendstimmung.

Und das Beste: Der Eintritt war frei. Dieses Parkhaus steht in keinem Reiseführer und auch in der Touristeninformation wird dir niemand den Tipp geben, hier hochzugehen. An solche Orte kommt man nur, wenn man mit den Einheimischen unterwegs ist. Erneut wurde mir klar, wie wichtig und wertvoll meine Begleiter für mich sind.

Wir zogen noch weiter in eine Kneipe, wo Tobis Freundin zu uns stieß. Wieder war es eins, bis ich im Bett lag, und ich fragte mich allmählich, wie ich den Rest der Reise überstehen sollte …

Was für ein riesengroßes Loch

Der Tag begann erneut sehr zeitig, denn meine Gastgeber mussten in die Arbeit und wir frühstückten noch gemeinsam. Allein am Vortag hatte ich vier neue Leute kennengelernt. Vielleicht lag es an der frühen Uhrzeit, aber mein Kopf hatte Probleme damit, die Begegnungen der letzten Tage einzuordnen. Ich konnte nicht mehr sagen, wen ich wann getroffen hatte. Der Input an Informationen, Eindrücken und Begegnungen war sehr intensiv gewesen. Ich hatte das Gefühl, dass meine Festplatte voll war und ich keine weiteren Infos mehr aufnehmen konnte.

Glücklicherweise gibt es für solche Fälle Kaffee und nach zwei Tassen fühlte ich mich halbwegs fit. Auch wenn der Körper vom Badminton vor zwei Tagen und von der 13 Stunden dauernden Tour am Tag zuvor etwas schmerzte und zwickte.

Nachdem mir Eva sehr viel über die Braunkohle in der Region erzählt hatte, wollte ich so einen Tagebau natürlich selbst sehen. Der Tagebau Inden liegt zwischen Eschweiler und Jülich und ich folgte den Schildern zum Aussichtsturm Indemann, einer 36 Meter hohen Konstruktion aus Stahl. Glücklicherweise gab es einen Aufzug – leider aber gerade außer Betrieb. So musste ich mit brennenden Oberschenkeln die 220 Stufen nach oben. Das gesamte Gebilde besteht aus Gittern mit freier Sicht nach unten, da ist Höhenangst nicht wirklich hilfreich.

Oben angekommen, verflog meine Angst ziemlich schnell. Ich war einfach nur baff angesichts dessen, was ich gerade sah: Ich blickte in das größte Loch, das mir bisher in meinem Leben vor Augen gekommen war. Es hatte eine Größe von 1300 Hektar und war gut 150 Meter tief. Autos und Bagger wirkten im Verhältnis wie Spielzeuge. Ein surrealer Anblick.

Förderbänder bringen die Kohle direkt in das nebenstehende Kraftwerk – pro Jahr werden alleine hier 22 Millionen Tonnen Kohle verheizt. Im Jahr 2030 dann hat der Tagebau ausgekohlt. Nach heutigen Plänen wird auf der Fläche ein Erholungsgebiet entstehen – mit einem 180 Meter tiefen See, dessen Uferstrecke 14 Kilometer lang sein wird. Es wäre dann der größte See des Bundeslandes. Bis zum finalen Pegelstand wird es allerdings 30 Jahre dauern. Erst dann wird der See vollgelaufen sein.

Da wirste jeck

Vom Tagebau fuhr ich weiter nach Köln, der viertgrößten Stadt Deutschlands mit 1,1 Millionen Einwohnern. Aus Köln hatte ich ganze sechs Einladungen für eine Übernachtung erhalten, die ich leider gar nicht alle wahrnehmen konnte.

Ich hatte vor, zwei Nächte zu bleiben, und traf mich zunächst mit André Meinardus. Es war Samstag und André hatte mich im Vorfeld bereits informiert, dass er heute mit ein paar Freunden ausgehen würde. Eigentlich hatte ich keine Lust auf einen geselligen Abend, weil die letzten Tage sehr lang und anstrengend gewesen waren. Aber irgendwie hatte ich so eine Vorahnung, dass aus einem frühen Zubettgehen nichts werden würde.

André ist Grafikdesigner und wohnt in Köln-Nippes, heute ein sehr hippes Viertel, früher ein klassisches Arbeiterviertel. Er ist über 1,90 groß – neben ihm sah ich wie ein Zwerg aus – und spielt nebenher in der Rockband »Geist«, mit der er immer wieder auf Tour ist. Ein viel beschäftigter Mann also.

Nachdem ich Rad und Gepäck verstaut hatte, ging es zum »Em Golde Kappes«, einer waschechten Kölsch-Kneipe. Kölsch ist ein obergäriges Vollbier, das in 0,2-Liter-Gläsern serviert wird. Nicht viel in einem Glas, aber es summiert sich.

Erst im Laufe des Abends lernte ich, dass du, wenn du kein Bier mehr willst, den Bierdeckel auf dein Glas legen musst. Ansonsten stellt dir die Bedienung immer wieder ein neues Glas hin. Bis ich diese Information erhielt, war die Bedienung bereits ein paarmal an unserem Tisch gewesen. Zur Stärkung aßen wir die lokale Spezialität »Himmel un Ääd«, also Himmel und Erde – Blutwurst mit Stampfkartoffeln und Schmorzwiebeln und unglaublich lecker.

Köln gehört zu den Städten, die ich bereits mehrmals vor dieser Reise besucht hatte, und ich liebe die Stadt und seine Bewohner. Um zu verstehen, wie der Kölner tickt, ziehe ich immer gerne folgenden Vergleich heran: In Hamburg wird man gesiezt, in München geduzt und einzig und alleine in Köln gibt es Duzen mit Anfassen. Das beschreibt dann ganz gut, was einen hier erwartet. Die Leute sind unglaublich locker und auch mit wildfremden Menschen kommt man hier sehr schnell ins Gespräch. Deshalb war es auch ausgeschlossen, dass ich zeitig schlafen ging. Es war ja Samstag und André hatte mich schon fest für den Rest des Abends eingeplant.

Blick in den Tagebau Inden (oben)
Liebes-Schlösser auf der Hohenzollernbrücke in Köln (unten)

Ich kann heute gar nicht mehr sagen, wo wir überall unterwegs waren und wen wir alles getroffen haben. Bis ich im Bett lag, war es wieder nach ein Uhr. Und aufgrund der leicht verschwommenen Sicht auch mindestens ein Kölsch zu viel. Ich schwor mir, für den Rest der Reise keinen Alkohol mehr zu trinken.

Nachdem André auch keine Eile hatte, schliefen wir erst einmal aus und stiegen nach einem kleinen Frühstück auf die Räder. Die zweite Tasse Kaffee gönnten wir uns am Rhein mit Blick auf die Hohenzollernbrücke. Die bekannte Eisenbahnbrücke ist vom Kölner Stadtbild nicht wegzudenken. Sie hängt voller Schlösser, die verliebte Paare hier aufgehängt haben.

Ich fuhr über die Hohenzollernbrücke, um die nächsten Kölner zu treffen: Thomas und Geraldine Houf. Meine zweite Nacht verbrachte ich bei ihnen. Thomas kenne ich schon seit einigen Jahren, da er in der Stadt ein Vortragsfestival veranstaltet, bei dem ich schon zu Gast war.

An der neu gebauten Rheinpromenade in Köln-Deutz waren wir verabredet. Von hier hatte ich einen wunderbaren Blick auf den Rhein und den Dom. Über den Rheinauhafen, heute Nobelviertel für Betuchte, ging es für uns drei in die Altstadt. Ich machte noch schnell zwei, drei Fotos und als ich zu Thomas und Geraldine zurückkehrte, standen die beiden bereits an einem Stehtisch einer Kneipe und hatten das erste Kölsch des Tages bestellt. So viel zum Vorsatz, keinen Alkohol mehr zu trinken.

Bis zur Finanzkrise war Thomas als Restaurator tätig und hatte seinen eigenen Antiquitätenladen. Seine Wohnung hat er sich in seine frühere Werkstatt auf zwei Ebenen eingebaut. Ich kam aus dem Staunen nicht mehr heraus, als ich das sah. Oben waren das Schlafzimmer und eine riesige Dachterrasse, unten eine große, offene Küche mit Gasherd und überall standen schöne, antike Möbel auf drei Zimmer verteilt. Ich fühlte mich wie in einem Museum. Da kann kein Fünf-Sterne-Hotel der Welt mithalten und ich sah mich wieder bestätigt, dass ich bei Privatübernachtungen viel mehr erleben konnte als in einem Hotel.

Thomas hat nicht nur ein geschicktes Händchen bei alten Möbeln, sondern ist auch ein begnadeter Koch und so zauberte er uns ein wundervolles Coq au Vin. Noch vor dem Essen wurde eine Flasche Champagner geköpft und zum Essen gab es einen guten Weißwein. Natürlich konnte ich nicht Nein sagen. Es ist wirklich schwer, in Deutschland in netter Gesellschaft keinen Alkohol zu trinken.

Sauerland – Der Wasserspeicher des Ruhrgebiets

Als ich Köln in Richtung Osten verließ, war ich überrascht, wie schnell ich zurück im Grünen war. Und vor allem: wie hügelig es wurde, denn ich hatte zu diesem Zeitpunkt das Sauerland erreicht. Es war eine willkommene Abwechslung, wieder bergauf und bergab zu fahren, nachdem es zuvor hauptsächlich flach war.

Die Etappe war sehr reizvoll und ich fuhr meistens auf kleinen Nebenstraßen oder Fahrradwegen. Als es durch ein kleines Waldstück ging, sah ich sogar ein Reh auf einer Lichtung stehen, keine 20 Meter von mir entfernt. Bis ich allerdings meine Kamera herausgeholt hatte, war es bereits zwischen den Bäumen verschwunden.

Ich befand mich auf dem Weg in Richtung Hessen, hatte für den Abend allerdings keine Unterkunft und auch keinen Begleiter. Also nahm ich mein Smartphone, um mir auf Google Maps die Umgebung anzuschauen. Ich entdeckte einen großen See knapp 30 Kilometer von mir entfernt und schon hatte ich mein Etappenziel gefunden. Da ich seit Norderney nicht mehr im Zelt geschlafen hatte, hatte ich große Lust, mal wieder zu zelten.

Der Biggesee im südlichen Sauerland ist ein Stausee und versorgt das Ruhrgebiet mit Rohwasser. Als ich am Abend ankam, herrschte ein perfektes Licht. Im See spiegelten sich die umstehenden Bäume und von einer Seite aus zog Nebel auf, der auf dem Wasser zu schweben schien. Die Atmosphäre war magisch. Und das Beste: Ich hatte dieses Erlebnis ganz für mich alleine, außer mir war niemand am See.

»Eigentlich schon unglaublich, heute am späten Vormittag stand ich noch in der Millionenmetropole Köln und einen halben Tag später bin ich ganz alleine mitten im Grünen«, sprach ich im Zelt liegend in meine Kamera.

Genau das hat mich auf dieser Reise immer wieder fasziniert: wie schnell sich die Landschaften in diesem relativ kleinen Land ändern – und wie viele verschiedene Regionen es in Deutschland gibt. Aufgrund meines Berufs und meiner Vorträge bin ich zwar bereits durch ganz Deutschland gereist, aber immer nur im Auto oder Zug. Und mit dem Stress, am nächsten Tag pünktlich zum nächsten Veranstaltungsort zu kommen. Bei einer Fahrradreise sehe und erlebe ich eine Region ganz anders und viel intensiver. Im wahrsten Sinne des Wortes erfahre ich jeden einzelnen Kilometer.

Wisent in Bad Berleburg (oben)
Beim Frühstück mit Tobias (unten)

Blick vom Wilzenbergturm (oben)
Zelten am Biggesee im Sauerland (unten)

Das Sauerland gehört zu den regenreichsten Regionen Deutschlands und ich schätzte mich glücklich, mit Sonne in den Tag zu starten. Am Vorabend hatte sich herausgestellt, dass ich mich mit meinen Terminen um einen Tag vertan hatte und mein nächster Begleiter mit mir erst am darauffolgenden Tag rechnete. So hatte ich etwas unverhofft einen Tag dazugewonnen.

Da mir die Gegend ziemlich gut gefiel, beschloss ich, einfach in die grobe Richtung des nächsten Treffpunktes zu fahren. Es folgte ein super Tag auf dem Rad. Denn das Sauerland hat einen weiteren Superlativ zu bieten: Es zählt zu den am dünnsten besiedelten Regionen Nordrhein-Westfalens. Selbst auf den wenigen Kilometern auf der Landstraße herrschte so gut wie kein Verkehr. Straßen waren aber die Ausnahme beim Radeln, denn alleine im Sauerland gibt es knapp 3000 Kilometer Fahrradwege.

Zu guter Letzt fuhr ich hügelige 40 Kilometer bei strömendem Regen, um die Wisent-Wildnis in Bad Berleburg zu erreichen. Ausnahmsweise war ich mal eine halbe Stunde zu spät. Bernd Fuhrmann, Bürgermeister Bad Berleburgs, Tobias Röder aus Elsoff, mein heutiger Begleiter, und zwei Reporter der lokalen Presse erwarteten mich bereits.

Nach der Begrüßung gab mir Bernd eine kleine Einführung. Der Wisent, auch bekannt als Europäischer Bison, ist das größte Landsäugetier Europas. Ein Bulle kann bis zu eine Tonne wiegen, bei einer Größe von 1,90 Meter. Vor 100 Jahren waren Wisents fast schon ausgerottet und es gab nur noch wenige Exemplare, die in Zoos lebten. Mittlerweile hat sich die Population wieder ganz gut erholt. Aktuell leben 4500 Tiere weltweit, größtenteils in freier Wildbahn.

Zwei Herden gibt es hier im Wittgensteiner Land. Eine Herde lebt großzügig eingezäunt, was den Vorteil hat, die Tiere aus nächster Nähe beobachten zu können. Die zweite Herde, mittlerweile knapp 20 Tiere, wurde ausgewildert und streift frei durch die Wälder.

Allerdings sind die Wisents ziemlich hungrig, ernähren sich gerne von Rinde und haben ihr Revier ausgedehnt: Sie bleiben nicht im Wald von Richard Prinz zu Sayn-Wittgenstein-Berleburg, der das Projekt vor seinem Tod angestoßen hatte. Es zieht sie ins angrenzende Sauerland – wo sie mit Vorliebe den geschützten Rotbuchen an die Rinde gehen.

Wenig begeistert davon sind die Waldbauern. Seit Jahren ist der Fall nun schon vor Gericht und es ist nicht sicher, was mit der einzigen frei lebenden Herde in Westeuropa passieren wird.

Dauerregen

Meine letzte Nacht in NRW hatte ich bei Tobias Röder und seiner Familie im 700-Seelen-Ort Elsoff verbracht, nur wenige Hundert Meter von der hessischen Grenze entfernt. Tobi begrüßte mich in der Früh mit den Worten: »Keine Sorge, heute haben wir warmen Regen bei 17 Grad.«

»Na, immerhin drei Grad mehr als gestern«, knurrte ich und wusste einmal öfter, warum ich bisher noch nicht durch meine Heimat geradelt war: wegen des unbeständigen Wetters. Ich war der Überzeugung, dass es in einem deutschen Sommer ständig regnet. Und mit Kälte bei Regen habe ich sowieso ein Problem.

Streng genommen war es in der Summe gar nicht ganz so wild: Auf der gesamten Reise über viereinhalb Monate gab es genau acht Tage Dauerregen, wo es von morgens bis abends durchgeregnet hat. Die ersten fünf Tage der Reise und noch einmal drei Tage hier im Sauerland auf dem Weg nach Hessen. Natürlich regnete es auch an anderen Tagen, aber nicht von früh bis spät, sondern maximal für ein paar Stunden.

Kurz hinter der Landesgrenze traf ich mich mit Axel und Oliver, die im städtischen Dienst in Hatzfeld arbeiten. Die beiden begleiteten mich ein Stück den Ederradweg entlang, der größtenteils auf einer ehemaligen Bahntrasse gebaut wurde. Von diesen Bahnradwegen gab es in Hessen mehrere, was das Fahren sehr angenehm machte, denn die Bahnstrecken stammen ursprünglich aus der Zeit des ausgehenden 19. Jahrhunderts. Selbst wenn es sehr hügelig wurde, hatte der Weg maximal ein Prozent Steigung. Die Züge damals schafften bergauf nicht mehr.

Der einzige trockene Ort für ein kleines Interview war ein Tunnel auf dem Radweg, der auch nur für Radfahrer zugänglich ist. Wie mir Axel erzählte, ist der Tunnel aber im Winter selbst für Radler geschlossen. Dann ist er Rückzugsgebiet für die Mopsfledermaus, die auf der Roten Liste der bedrohten Tierarten steht.

Ich muss gestehen: Vom Nationalpark Kellerwald-Edersee hatte ich bisher noch nie etwas gehört. Ich wusste noch nicht einmal, dass er existiert. Zeit, das zu ändern, und so traf ich mich am Nachmittag mit Volker Nagel, der als Park-Ranger hier arbeitet und sich einen Nachmittag Zeit nahm, um mir den Nationalpark vorzustellen.

Zu Zeiten der Römer waren zwei Drittel der heutigen Fläche Deutschlands mit Buchenwäldern bedeckt. Heute sind es im ganzen Land nur noch 4,5 Prozent. Und nur 0,9 Prozent der erhaltenen Buchen sind älter als 160 Jahre. Im Nationalpark beträgt der Anteil an Buchen, die 160 Jahre oder älter sind, immerhin 20 Prozent. Seit 2011 ist der Nationalpark, einer der letzten Urwälder Deutschlands, deshalb eine UNESCO-Weltnaturerbestätte.

Volker erklärte mir auch, dass die Germanen Buchenholz benutzten, um ihre Runenzeichen einzuritzen, daher auch das Wort »Buchstabe«.

Ebenfalls besonders und einmalig ist, dass den innersten Kern des Nationalparks keine Siedlung oder Straße durchschneidet. Aus der Vogelperspektive ist so ein einziges Meer von Bäumen zu sehen.

Zusammen mit Volker wanderte ich drei Stunden durch den Wald, vorbei an felsigen Steinhängen und mystisch wirkenden Baumgestalten. Etwa 800 Quellen und Bäche gibt es in dem Gebiet und die Wasserqualität ist hervorragend. Tierarten wie Feuersalamander oder Wasseramsel, die eine hohe Wasserqualität benötigen, haben sich hier angesiedelt.

All das erklärte mir Volker mit einer unendlichen Begeisterung, die auch mich mitriss. Es war wunderbar, dieses Naturparadies zu erleben – und damit auch Deutschland wieder ein Stück besser kennenzulernen.

Die Nacht verbrachte ich auf einem Campingplatz gegenüber dem Informationszentrum des Parks. Der Zeltplatz sah ganz gut aus. Leider war am Abend eine Feier und es wurde etwas laut – zumal ich einen Schnarcher im Zelt neben mir hatte. Schon klar, warum ich das Wildzelten bevorzuge.

Bei einer Reise von viereinhalb Monaten steht natürlich auch der eine oder andere private Termin an. Und die Hochzeit seines eigenen Bruders sollte man nicht verpassen – schon gar nicht, wenn man der Trauzeuge ist. So ging es mit einem Mietwagen von Kassel nach Ratzeburg in der Nähe von Hamburg.

Es war ein rauschendes Fest über drei Tage, und jeder kann sich vorstellen, dass eine Hochzeit eher nicht der Erholung dient: Natürlich musste ordentlich gefeiert werden. Dementsprechend groß waren meine Augenringe, als es zurück nach Kassel ging.

Von der Hochzeit nahm ich zwei Mitbringsel mit, die mich in den kommenden zwei Wochen begleiten sollten. Zum einen meine Frau Marion, zum anderen unseren Hund Alfie, zu diesem Zeitpunkt elf Jahre alt.

Nationalpark Kellerwald-Edersee

Frankenberg am Ederradweg (oben)
Radweg entlang des Edersees (Mitte)
Fahrradtunnel am Ederradweg (unten)

Auf dem Fuldaradweg

Den treuen Begleitern meiner Reisen sei gesagt, dass es sich bei Alfie um denselben Hund handelt, der auch schon bei meiner Reise nach Singapur in den ersten zwei Wochen mit dabei war. Damals war er noch jung und lief bis zu 50 Kilometer am Tag. Im gehobenen Hundeseniorenalter von elf Jahren war dies nicht mehr möglich. Deshalb hatten wir eine Woche vorher kurzerhand einen Hundeanhänger gekauft, den wir bis dato aber noch nicht mit Hund getestet hatten.

Nach einer Nacht in einem Hotel im Kasseler Industriegebiet packten wir unsere Räder, befestigten die Anhängerkupplung und verklickerten unserem Hund, dass wir jetzt zwei Wochen Fahrrad fahren. Natürlich hat Alfie davon kein Wort verstanden, sondern rannte nur völlig aufgeregt von einem Rad zum anderen und begrüßte jeden überschwänglich, der sich dem Hoteleingang näherte.

»Oje, das kann ja heiter werden«, seufzte ich in Richtung Marion.

In puncto Hundeerziehung sind wir sicherlich nicht Martin Rütter, aber alles falsch gemacht haben wir auch nicht. Alfie hat nie Mist gebaut: keine Schuhe gefressen, nichts aus Langeweile zerstört. Er rennt nie weg und hört in der Regel, wenn er gerufen wird.

Nur in ungewohnten Situationen, zum Beispiel an einem neuen Ort zu sein, kann er seine Aufregung eher schlecht verbergen, um es diplomatisch auszudrücken. Er ist dann in etwa so hyperaktiv wie ein Dreijähriger, der gerade mehrere Liter Cola getrunken hat und nun schlafen soll. Kann zuweilen sehr anstrengend sein.

In Hotels habe ich schon öfter mit ihm übernachtet. Da rennt er gerne kläffend an die Zimmertür, weil irgendwer es wagt, nachts um eins über den Gang zu laufen. Nun ja, in Hotels passiert das des Öfteren. Aber meine Hauptsorge in den vorherigen Tagen war gewesen: dass Alfie nicht freiwillig in den Anhänger gehen würde, geschweige denn ruhig drin sitzen bliebe. Kurz, ich war skeptisch, ob es eine gute Idee war, Alfie mitzunehmen.

Da wir durch Kassel mussten, um den Fuldaradweg zu erreichen, wollte ich den Hund nicht an der Leine nebenherlaufen lassen. Und so ging es für Alfie zusammen mit einem Kau-Snack zur Bestechung in den Hänger. Der Anhänger hatte ein aufklappbares Dach, ein Cabrio sozusagen, und Alfie konnte seinen Kopf in den Fahrtwind strecken. Der Snack war natürlich verspeist, bevor ich auch nur

Die Fulda bei Sonnenschein (oben)
Fahrradfahrerseilfähre über die Fulda (unten)

Zusammen mit Marion und Alfie (oben)
Stets gut gelaunt – Hund Alfie (unten)

ansatzweise aufs Rad steigen konnte. Doch zu meiner Überraschung blieb der Hund hinten ruhig und machte keinen Aufstand, obwohl er aus seiner Sicht gegen seinen Willen in einem rollenden Gefängnis saß.

Es war ein herrlicher Sommertag mit Sonne satt und knapp über 30 Grad. Für die erste gemeinsame Etappe standen 76 Kilometer bis nach Rotenburg an der Fulda an. Der Fuldaradweg ist sehr eben mit wenigen Steigungen und daher auch bestens für Familien geeignet. Sogar für unseren Hund, denn Alfie ist eine ziemliche Wasserratte. Nur war es gar nicht so einfach, ihn nach den Pausen wieder aus dem Wasser zu bekommen.

Am ersten Tag war der Anhänger noch etwas ungewohnt und Alfie äußerte seinen Missmut immer mal wieder mit lautem Bellen, besonders, wenn er einen anderen Hund erblickte.

Natürlich war diese Reise für unseren Vierbeiner ein großes Abenteuer, denn auch auf ihn prasselten die verschiedensten Eindrücke eines Tages ein. An einem normalen Tag waren wir vielleicht zwölf Stunden draußen und in dieser ganzen Zeit hat Alfie nicht geschlafen. Schließlich war alles neu und interessant und wer schläft, könnte ja was verpassen. Das führte dazu, dass er am Ende des Tages fix und alle war und zwei Wochen lang nach dem Fressen direkt neben seiner Schüssel einschlief. Selbst bei lautem Gelächter auf dem Hotelflur zeigte er keine Regung, was für uns ein Segen war.

Zu Beginn eines Tages durfte er die ersten fünf, sechs Kilometer laufen, um sich auszupowern. Nach wenigen Tagen hatte er seinen Anhänger akzeptiert und ging freiwillig rein, sobald er keine Lust mehr hatte weiterzurennen. Später machte er hinten sogar ab und zu ein kleines Nickerchen.

Ein kurioses Highlight an der Fulda war sicherlich die handbetriebene Fahrradseilbahn, die zwischen Binsförth und Beiseförth über den Fluss führt. In zwei Meter Höhe ging es in einem Metallkorb von einer Uferseite zur anderen. Angetrieben durch zwei Kurbeln, die an Fahrradpedale erinnern, wird die Kraft auf ein Zahnrad übertragen, welches den Korb an einer Kette auf die andere Seite bringt. Falls der Korb bei der Ankunft auf der gegenüberliegenden Seite steht, muss er zunächst auf die richtige Seite gekurbelt werden.

Mit zwei voll bepackten Fahrrädern, Anhänger, Frau und Hund benötigte ich locker 15 Minuten, um uns auf die andere Seite zu bringen, und das war anstrengender als gedacht. Ich bin im Leben ja schon ein bisschen rumgekommen, aber so etwas Einmaliges wie diese Seilbahn hatte ich bisher noch nicht gesehen.

Die Teilung aus westdeutscher Sicht

Der zweite Tag an der Fulda führte unser Rudel knapp 90 Kilometer Richtung Süden. In Bad Hersfeld verließen wir den Radweg, um uns nach Tann in der Rhön aufzumachen. Das Mehrgewicht von Anhänger und Hund war deutlich zu spüren und äußerte sich auch im Akkuverbrauch, der nun um einiges höher war. Immerhin hatte ich fast 150 Kilo zu bewegen.

Am Nachmittag erreichten wir Tann mit seinem markanten Stadttor aus dem 16. Jahrhundert. Von hier aus sind es nur wenige Kilometer Luftlinie bis zur Gedenkstätte Point Alpha, die ich bereits mit Stefan und Anika während meiner Zeit in Thüringen besucht hatte. Meine Route berührte sich an diesem Punkt also fast wieder.

Nachdem ich in meiner Zeit in Ostdeutschland sehr viel über die Teilung erfahren hatte und darüber, wie das Leben in der ehemaligen DDR aussah, wollte ich nun aus westdeutscher Sicht hören, wie die Teilung wahrgenommen worden war. Das Örtchen Tann eignet sich dafür perfekt, denn wenn man so will, ist das hier der letzte Zipfel Hessens, in drei Himmelsrichtungen umschlossen von der Grenze zu Thüringen.

So traf ich mich am nächsten Morgen mit Alfred Zörgiebel, einem pensionierten Zöllner, der in der Region stationiert war. Meetingpoint war das Tanner Grenzmuseum in der Rhönhalle. Im Vergleich zur Gedenkstätte Point Alpha ist das Museum wesentlich kleiner und hat deutlich weniger Besucher. Es war aber mindestens genauso sehenswert, was vor allem an meinem sehr interessanten Gesprächspartner lag.

Auf meine Frage, was er und die anderen Bewohner damals von der DDR mitbekommen hatten, antwortete er: »Wenig! Ich bin ein Beute-Rhöner, also zugereist, und war für die Dauer von zehn Jahren hier im Ort als Grenzbeamter stationiert. Von daher denke ich, ganz gut beurteilen zu können, dass die Bevölkerung hier das Ganze nicht weiter zur Kenntnis genommen hat. Die wussten, fünf Kilometer weiter ist die Welt mit Brettern vernagelt, was sollen wir dort. Meine Schwiegermutter zum Beispiel stammt aus dem

---

Tierischer Besuch auf dem Fuldaradweg (oben)
Fahrradtunnel auf dem Milseburgradweg (unten)

Örtchen Günthers, das ist eineinhalb Kilometer von der Grenze entfernt, und sie war in den 40 Jahren nicht einmal vorne an der Grenze.«

Die Ausstellung im Museum vermittelt die Geschichte der deutschen Teilung und der innerdeutschen Grenze durch zeitgenössische Presseberichte, Fotos und Exponate. Es gibt auch einen Videofilm mit Originalaufnahmen aus der Zeit, als die Grenze gerade errichtet wurde. Ein Modell zeigt außerdem den Aufbau der damaligen Grenzanlagen.

Alfred Zörgiebel, der die Teilung ein Jahrzehnt lang aus nächster Nähe beobachten konnte, verabschiedete mich mit den Worten: »Wir müssen Leute wie Sie, also junge Leute, mit den Gegebenheiten von damals konfrontieren, damit die alles daransetzen, dass solche Zustände in Deutschland nicht wieder herrschen wie einst. Aber es ist leider so, dass das Interesse von jungen Leuten mehr und mehr schwindet.«

Und damit hat er sicherlich recht. In der Schule gehört ein Besuch eines KZ zur Pflicht, hingegen kommt unsere jüngere Vergangenheit viel zu kurz. Zumindest war es so, als ich noch zur Schule ging. Ich kann euch an dieser Stelle nur motivieren, einmal das Grenzmuseum in Tann oder auch die Gedenkstätte Point Alpha zu besuchen und sich mit Zeitzeugen zu unterhalten. Denn die Teilung und Wiedervereinigung Deutschlands ist sicherlich einer der prägendsten Momente unserer jüngeren Geschichte.

Um nach Fulda zu gelangen, folgten wir dem erstklassigen Milseburgradweg, der auf 27 Kilometer Länge entlang der ehemaligen Strecke der Rhönbahntrasse verläuft.

Neben ein paar wunderschönen Aussichtspunkten war sicherlich der Milseburgtunnel das Highlight des Tages. Der Tunnel stammt aus dem Jahr 1889 und ist mit 1172 Metern der längste Fahrradtunnel Deutschlands.

Als wir am Eingang standen, konnten wir kein Tageslicht an seinem Ende erkennen, da es in der Mitte eine kleine Biegung gab. Obwohl der Tunnel beleuchtet war, hatte Alfie wohl so seine Zweifel, ob wir am anderen Ende wieder heil rauskommen würden. Er weigerte sich zunächst, in den Tunnel hineinzulaufen. In solchen Fällen ist es immer ratsam, eine Not-Wiener dabeizuhaben. Mit Wienern kann man Alfie von allem überzeugen, sogar, dass er eine Katze ist – oder in einen nicht enden wollenden Tunnel zu laufen.

Im Tunnel herrscht eine Durchschnittstemperatur von acht bis zehn Grad. Damit war es an diesem Tag im Tunnel gefühlt deutlich wärmer als draußen, denn es wehte ein eisig kalter Wind. Mitte August waren es Temperaturen wie im Spätherbst. Obwohl wir alle Klamotten anzogen, die wir in den Taschen hatten, und zwei Paar Socken übereinander trugen, waren wir nach der Hälfte des Tages richtig durchgefroren. Unsere Füße fühlten sich wie Eisklumpen an. Glücklicherweise blieb es trocken, denn Regen hätte den Tag erst recht ungemütlich gemacht.

Wir ließen Fulda hinter uns und steuerten unser Tagesziel – Lauterbach – an. Der bekannteste Satz zum Ort, so erklärte es mir Irmi Roth aus der örtlichen Touristeninformation, lautet: »In Lauterbach hab' ich mein' Strumpf verlor'n.« Er stammt aus dem Lauterbacher Strumpflied.

Der Geschichte nach fing ein Geselle eine Affäre mit einer Strumpfmacher-Meisterin an, die einen Winter andauerte. Als er im Frühjahr weiterziehen wollte, war die Meisterin davon wenig begeistert und jagte ihn mit Schimpf und Schande vom Hof. Dabei verlor er seinen Strumpf, der seither im Ort vergeblich gesucht wird.

Auf dem Weg zu Elke (oben)
Dirk Herwig in der Apfelweinhandlung von Jens Becker (unten)

Mehr als nur Bankentürme

Auf der Etappe von Lauterbach nach Florstadt waren wir nur zu dritt unterwegs. Als es am nächsten Tag dann nach Frankfurt am Main ging, fuhren wir in einer großen Gruppe.

Sebastian Gleichsner vom Hessischen Tourismusverband hatte den Tag organisiert. Dem Aufruf in einem kleinen Artikel in der Lokalzeitung waren immerhin sieben Personen gefolgt, die uns nun begleiteten, und das trotz weiterhin winterlicher Temperaturen und der Vorhersage, dass es im Tagesverlauf regnen könnte. Alfie war mit so vielen Personen erst einmal völlig überfordert. Er wusste gar nicht, welchen seiner neuen Freunde er zuerst begrüßen sollte.

Wir fuhren entlang der Nidda in Richtung »Mainhatten«, der einzigen Großstadt im Land mit Hochhäusern. Frankfurt ist zudem ein bedeutender Finanzplatz und Sitz der Europäischen Zentralbank. Außerdem wurde Johann Wolfgang von Goethe in der Stadt geboren, wie mir Sebastian auf dem Rad erzählte.

Ich war schon öfter beruflich in Frankfurt gewesen und bisher hatte die Stadt wenig Begeisterung bei mir hervorgerufen. Meistens war ich mit dem Zug angereist, hatte mir, um am nächsten Tag schnell weiterzukommen, ein Hotel in Bahnhofsnähe genommen. Das lag dann gerne mal mitten im Rotlichtmilieu. Beim Verlassen des Hotels hatte ich innerhalb von fünf Minuten mehr Junkies gesehen als in einem ganzen Jahr in München. Was für ein schrecklicher Ort, nichts wie weg. So in etwa war mein bisheriges Bild von der Mainmetropole. Dies sollte sich an diesem Tag noch ändern.

Ich traf mich mit Dirk Herwig, der in der Stadt geboren ist und leidenschaftlich gerne als Stadtführer arbeitet. Für ihn ist es echte Berufung, Besuchern wie mir zu zeigen, dass Frankfurt mehr zu bieten hat als Bankentürme und großes Geld und es viele schöne Ecken gibt, wie er mir zu Beginn mitteilte.

Unser erstes Ziel war die Pauluskirche, nur einen Steinwurf vom Rathaus entfernt. 1848 tagte hier das erste demokratisch gewählte Parlament mit über 500 Abgeordneten, die den Auftrag hatten, die erste demokratische Verfassung Deutschlands zu erarbeiten. Wählen durften damals übrigens nur die Männer, Frauen waren außen vor.

Die meisten Touristen laufen wohl nichts ahnend an der Kleinmarkthalle in der Altstadt vorbei, so wie ich bereits unzählige

Male. Dank Dirk fand ich diesmal den Weg nach drinnen. Auf rund 1500 Quadratmetern verkaufen über 60 Händler ihre Waren, von frischen Lebensmitteln aus der Region über Blumen bis hin zu Imbissständen findet man hier so ziemlich alles.

Eine wahre Institution ist Frau Schreiber, die ihren Stand seit 1954 betreibt. Trotz ihres hohen Alters verkauft sie weiterhin typische Frankfurter Spezialitäten – vor allem die Fleischwurst, die die Krakauer vom ersten Rang auf der Beliebtheitsskala verdrängt hat, wie sie mir in einem kurzen Gespräch erläuterte. Zu ihr kommen Touristen wie Einheimische gleichermaßen und gerade zur Mittagszeit bilden sich lange Warteschlangen.

Ein Viertel, welches ich bei all meinen Besuchen bisher ausgelassen hatte, war Sachsenhausen auf der anderen Seite des Mains. Besonders Alt-Sachsenhausen ist als Ausgehviertel bekannt und es reiht sich eine »Eppelwoi-Wertschaft« an die andere.

Ich wollte ein bisschen mehr über den bekannten Apfelwein erfahren, daher statteten wir Jens Becker einen Besuch ab. Er betreibt die einzige Eppelwoi-Handlung in ganz Deutschland und weiß so ziemlich alles zum Thema, was es zu wissen gibt.

Um das Getränk auch einer neuen Zielgruppe schmackhaft zu machen, gibt es mittlerweile zwar Apfelschaumwein oder Cider bei Jens zu kaufen. Ein waschechter Frankfurter würde allerdings beim Schoppen bleiben, einem 100-prozentigen Naturwein aus Äpfeln. Serviert wird der Eppelwoi im Bembel, einer dickbäuchigen Steinzeugkanne in Grau und meistens mit blauer Schrift verziert. Getrunken wird er wiederum aus dem Gerippten, einem Glas mit rautenförmiger Außenstruktur, da im Mittelalter meistens ohne Besteck gegessen wurde und Gläser ohne Struktur leicht durch die fettigen Hände glitten. Damit im Sommer, wenn man draußen unter einem Baum sitzt, nichts ins Glas fällt, gibt es noch die sogenannten »Eppelwoi-Glas-Abdeck-Deckelche«.

Und wie schmeckt er nun, der Apfelwein? So unglaublich sauer, mir hat es fast die Zehennägel aufgestellt. Ich hatte echt Schwierigkeiten, mein Glas leer zu bekommen, und konnte verstehen, warum Jens auch Schaumwein und andere Sachen im Programm hat.

Zwei Stunden später, der Magen knurrte bereits, ging es noch für ein paar regionale Spezialitäten in eine Wirtschaft. Wir probierten die Frankfurter Grüne Soße – »Grie Soß«, wie der Hesse sagt –, bestehend aus sieben Kräutern und »Handkäs mit Musik«, ein Käse mit viel Zwiebel. Der Käse wird traditionell mit der

Messerspitze gegessen. Und mit Musik deshalb, da es wegen der vielen Zwiebeln am Abend bei der Verdauung ordentlich musiziert, wie ich später noch feststellen konnte.

Übernachten durften wir bei Elke und ihrer Familie. Elke holte uns mit ihrem Rad nach der Arbeit ab. Sie wohnt allerdings nicht direkt in Frankfurt, sonders es ging noch knapp 30 Kilometer meistens bergauf in Richtung Vordertaunus.

Am höchsten Punkt angekommen – es war mittlerweile stockdunkel –, hatten wir einen herrlichen Blick auf die Skyline Frankfurts mit den leuchtenden Bankentürmen. Gegen 23 Uhr erreichten wir Elkes Haus und unser Rudel war nach 100 Kilometern auf dem Rad und einem Tag Frankfurt ziemlich erledigt. Wir fielen alle drei umgehend ins Bett.

Der Taunus

Elke hatte sich extra einen Tag Urlaub genommen, um uns ihre geliebte Heimat Taunus und Vordertaunus zu zeigen. Da wir für den Tag viel vorhatten, ließen wir unsere Räder stehen und sprangen zu ihr ins Auto. Erster Programmpunkt des Tages war ein Besuch in Europas einzigem Bajá'í-Tempel in Hofheim am Taunus.

Die Bajá'í-Religion war mir bis dahin völlig unbekannt und so freute ich mich auf mein Gespräch mit Fariba Dorner, der freundlichen und warmherzigen Gastgeberin im Informationszentrum. Obwohl ich selbst überzeugter Atheist bin, finde ich Glaube und Religion faszinierend. Egal, ob Sheikh Zayed Moschee in den Vereinigten Arabischen Emiraten oder buddhistischer Tempel in Thailand: Für mich ist es interessant, was und wie Menschen glauben und wie sich ihre Religion auf den Alltag auswirkt.

Fariba erklärte mir geduldig, dass der Bajá'í-Glaube die jüngste Offenbarungsreligion ist. Auf jedem Kontinent gibt es einen Tempel und der für Europa steht hier mitten im Taunus. Die Religion wurde 1844 im damaligen Persien, dem heutigen Iran, gestiftet.

»Die Grundwahrheiten unseres Glaubens sind, dass es nur einen Gott gibt, egal, wie wir ihn nennen. Ob Gott, Allah, Jehova oder Dios, es ist immer derselbe Gott. Bei unseren Andachten am Sonntag, die im Übrigen ganz ohne Klerus auskommen, wird nicht nur aus den Bajá'í-Schriften vorgelesen, sondern auch aus der Bibel, der Thora oder dem Koran. Im Haus der Andacht ertönt nur das Wort Gottes, egal ob gesungen oder gesprochen, das heißt, es gibt keine Predigt, keine Liturgie oder Ansprachen und jeder, der möchte, darf etwas vorlesen oder vorsingen«, gab mir Fariba einen Überblick über ihre Gemeinschaft.

Der Tempel selbst war sehr schlicht und durch viel Glas sehr hell gehalten, was mir persönlich gut gefiel. Jeder Bajá'í-Tempel hat drei Merkmale, die immer gleich sind: Es ist ein Kuppelbau, er muss rund sein, um keine Ausrichtung zu haben, und jeder Tempel hat neun Eingänge, die die Offenheit der Religion symbolisieren sollen.

Nach diesem sehr interessanten Besuch ging es kurvenreich zum höchsten Gipfel im Taunus: auf den Großen Feldberg, immerhin 881 Meter hoch. Einer der drei Türme dort darf bestiegen werden und bei perfektem Wetter soll man angeblich bis Straßburg blicken können. Das war an dem Tag nicht der Fall, trotzdem war die Sicht

Blick Richtung Frankfurt a.M. (oben)
Eingang zur Saalburg (unten)

in Richtung Frankfurt und die Rhein-Main-Region grandios – mit Grüntönen links und rechts, so weit das Auge reicht.

Ich bin sicher schon sehr oft mit dem Auto über die Autobahn A 3 gebrettert, in Richtung Frankfurt bzw. zurück nach Hause. Bis zu dem Tag, als ich oben auf dem Großen Feldberg stand, war mir nie bewusst, wie grün und bergig es rund um Frankfurt ist.

Barbara Tritschler, die uns alles zeigte, gehört zu den Personen, die ich in der Schule gerne als Lehrerin gehabt hätte. Durch ihre mitreißende Art des Erzählens zieht sie den Zuhörer unweigerlich in ihren Bann. Ich lauschte gespannt ihren Erläuterungen, als wir durch die Saalburg auf dem Taunuskamm liefen. Die Saalburg ist ein ehemaliges und rekonstruiertes Kastell des römischen Limes. Barbara arbeitet hier als Gästeführerin.

Die Römer hatten, wenn man so will, die erste Berufsarmee der Welt mit gesichertem Einkommen der Soldaten, hervorragenden Karrieremöglichkeiten und hohem sozialen Ansehen. Und wenn man den 20- bis 25-jährigen Dienst hinter sich hatte, erhielt man in Form von Land oder einer Barabfindung auch noch eine Rente. Trotz härtestem täglichen Training, brutaler Militärdisziplin und natürlich der Gefahr, im Krieg zu fallen, kein schlechter Job im Vergleich zu den vielen Menschen im Reich, die am Existenzminimum leben mussten.

Aber nicht nur beim Militär waren die Römer ihrer Zeit voraus. So hatten sie bereits die Sauna genutzt und auch das heiße Wasser unter den Fußboden befördert. Die Steine wurden dabei so heiß, dass die Soldaten Holzschuhe tragen mussten, um sich nicht die Füße zu verbrennen. Nach dem Untergang des Römischen Reiches dauerte es fast 2000 Jahre, bis die Menschheit wieder von Fußbodenheizungen Gebrauch machte.

Mit dem vielen Brauchwasser haben die Römer ihre Toiletten gespült. Das alles erklärte mir Barbara auf unserem Rundgang durch das Kastell, das ein anschauliches und lebendiges Bild der römischen Lebensweise zeichnet. In den vielen Räumen sind originale Gegenstände und Utensilien der damaligen Zeit zu sehen.

Um auszuprobieren, wie sich ein römischer Soldat wohl gefühlt hat, durfte ich mich sogar in einen verwandeln. Schicht für Schicht bekam ich eine originale Rüstung angezogen, danach wurde ich ausgerüstet mit Schild, Speer und Schwert. Ein römischer Soldat trug inklusive seiner persönlichen Habe etwa 40 Kilo und ist dann in schlechten Sandalen 30 Kilometer marschiert. Was war ich in dem Moment froh, kein römischer Soldat gewesen zu sein.

Der Naheradweg

Nach einer zweiten Nacht bei Elke und Michael ging es für uns weiter in Richtung 14. Bundesland, denn Mittag essen wollten wir bereits in Rheinland-Pfalz. Wir folgten dem Main dorthin, wo er in den Rhein mündet. Pünktlich zur Mittagszeit saßen wir an der Rheinpromenade in Mainz.

Unser nächster fester Termin war erst in vier Tagen, allerdings in Karlsruhe, in Baden-Württemberg gelegen, und somit blieben uns nur vier Tage für zwei Bundesländer: Rheinland-Pfalz und das Saarland. In der Mittagspause sagte ich noch zu Marion, dass das völlig ausreichend sei, da die beiden Bundesländer nicht allzu groß sind. Da ich wenig über die westliche Ecke Deutschlands wusste, dachte ich mir, allzu viel würden wir schon nicht verpassen.

Viel haben wir von Mainz nicht gesehen, da wir ohne Umwege dem Rheinradweg folgten und nach kurzer Zeit die Stadt hinter uns ließen. Bei Bingen bogen wir links ab, um der Nahe zu folgen. Der kleine Fluss von gerade einmal 125 Kilometer Länge war mir bis dahin völlig unbekannt. Die Strecke führte uns durch romantische Flusstäler und das Weinanbaugebiet der Nahe. Schon nach wenigen Kilometern bereute ich die Entscheidung, nur vier Tage eingeplant zu haben, denn die Gegend gefiel mir ausgesprochen gut.

Idar-Oberstein ist ein überschaubarer Ort mit etwas über 30 000 Einwohnern. Trotzdem hat sich der Ort in den letzten 500 Jahren einen Namen gemacht: als Metropole der Edelsteine. Früher wurden hier Achate und Amethyste in Bergwerken abgebaut, bis die Vorkommen langsam zurückgingen.

Geblieben ist das Wissen über die Edelsteine. Es gibt hier Firmen, die im globalen Wettbewerb nicht nur bestehen können, sondern führend sind. Größer noch als ihre Kompetenz ist ihre Verschwiegenheit. Nur Insider wissen, dass so mancher Künstler in der Region für die nobelsten Juweliere der Welt arbeitet.

Über all das informierte uns der Hotelier, als wir gerade an der Rezeption standen. Das Hotel hatte fünfzehn Stockwerke und ich bat um ein Zimmer ganz oben. So war die Aussicht mein persönliches Highlight des Tages, besonders, als es dunkel wurde und die Lichter anfingen zu glitzern. Oder waren es die Edelsteine, die da unten funkelten?

Gar nicht scheu – ein Storch im Saarland (oben)
Weiter geht's nach einer kurzen Pause (unten)

Das Bodenwespennest

Für ein paar wenige Kilometer folgten wir noch der Nahe. Begleitet man einen Fluss zu Lande, ist die Strecke meistens sehr flach. Für den Rest des Tages ging es allerdings entweder rauf oder runter. Bei 33 Grad trotz E-Bike eine schweißtreibende Sache, besonders mit 25 Kilo Lebendgewicht im Anhänger.

Wir waren auf dem Weg ins vorletzte Bundesland meiner Reise. Bei Lesern aus dem Saarland möchte ich mich an dieser Stelle jetzt schon entschuldigen, denn das Saarland kam definitiv viel zu kurz bei dieser Tour. Am Ende waren es nur knapp 40 Kilometer, die ich dort zurückgelegt habe.

An einer Stelle querte ein Storch zu Fuß den Fahrradweg – überhaupt nicht schüchtern oder ängstlich. Ich hielt natürlich sofort an, um ein paar Fotos zu machen. Aber es gibt so ein paar Sachen, die Alfie überhaupt nicht leiden kann: Katzen oder Staubsauger zum Beispiel. Oder wenn ich meine Aufmerksamkeit einem anderen Hund oder Tier widme, wie in diesem Fall dem Storch.

Alfie saß angeschnallt im Anhänger und bekam irgendwann mit, dass ich gerade mit etwas anderem als ihm beschäftigt war. Daraufhin machte er dermaßen Radau und randalierte, dass er es schaffte, das Rad samt Hänger umzuschmeißen. Immerhin erschrak er sich dabei so sehr, dass schlagartig Ruhe war.

Wir waren zwar nur insgesamt 16 Stunden im Saarland unterwegs, dafür war es mit durchschnittlich 30 Grad das wärmste Bundesland meiner Reise und ging somit auch in die Geschichte dieser Tour ein. Die Tagesetappe führte uns durch kleine hübsche Dörfer. Nach jedem Dorf ging es meistens steil bergauf, was sich auch auf die Akkureichweite auswirkte.

Ich werde oft gefragt, wie lange ein E-Bike-Akku hält, was sich leider nie pauschal sagen lässt. Viele Faktoren spielen eine Rolle: wie schwer beladen bin ich, habe ich Gegen- oder Rückenwind, geht es hoch oder geradeaus. All das sind Aspekte, die die Reichweite beeinflussen. Ich hatte zwei 500-Wh-Akkus dabei und kam im Durchschnitt damit 75 Kilometer weit. Meine Höchstreichweite auf der Tour waren 150 Kilometer, aber hier im Saarland, mit unzähligen Höhenmetern und viel Gewicht, hielt der Akku gerade mal knapp 40 Kilometer.

Das Nachladen während des Tages war nie ein großes Problem. In der Mittagspause, die ich meistens in einem Restaurant verbrachte, gab ich meinen Akku zum Laden der Bedienung und kein einziges Mal gab es eine Diskussion. Nach zwei Stunden Pause war mein Akku bereits wieder zu 50 Prozent aufgeladen.

Über Akkureichweiten informieren war das eine. Viel häufiger jedoch musste ich mich auf dieser Reise rechtfertigen, um nicht zu sagen: verteidigen, warum ich als 33-Jähriger überhaupt auf die Idee kam, mit dem E-Bike zu reisen. Schließlich sei ich ja noch jung und kerngesund. Oftmals starteten wildfremde Menschen so ein Gespräch, sogar ohne ein »Hallo, schönen guten Tag« oder Ähnliches. Es verwunderte mich, denn ich dachte bis dahin tatsächlich, es wäre meine Sache, wie ich reise! Amüsant, über was sich Leute so aufregen. Kam eigentlich schon mal jemand auf die Idee, zu einem Autofahrer zu gehen und zu sagen »Find ich blöd, dass Sie Auto fahren, Sie könnten doch auch laufen«?

Das E-Bike polarisiert und spaltet die Radfahrer in zwei Lager – diejenigen, die es gut finden, und diejenigen, die im E-Bike die Vorstufe zum Rollator sehen und es kategorisch ablehnen.

Ich hatte mal einen älteren Herrn getroffen, der bestimmt schon 70 war und meinte, so alt sei er noch nicht, dass er so ein Schummel-Bike brauche. Als ich ihn fragte, ob er denn jemals auf einem elektrischen Fahrrad gesessen hätte, bekam ich nur ein schockiertes »Nein, ich doch nicht« zurück. So als hätte ich ihn gefragt, ob er häufiger mal Heroin nimmt.

Also habe ich meine Taschen abgeschnallt und ihm mein Rad für eine Testrunde gegeben. Gut fünf Minuten später war er wieder da und ich meine, ein leises Lächeln in seinem Gesicht gesehen zu haben. Trotzdem blieb er natürlich cool und meinte nur: »Ganz nett, aber so kann das ja jeder, ist doch Beschiss.«

Ich antworte dann immer, dass das stimmt und ich mit meinem Projekt zeigen will, dass es wirklich jeder machen kann – egal, wie alt oder jung, durchtrainiert oder nicht jemand ist. Wer nichts vom E-Bike hält, soll sein normales Rad nehmen. Wer keine Lust auf körperliche Überanstrengung im Urlaub hat, wird mit einem E-Bike viel Spaß haben. Ich will niemanden überreden oder missionieren, sich ein E-Bike zu kaufen, sondern ich will motivieren, auf den Drahtesel zu steigen, egal auf welchen, und die Heimat zu erkunden. Denn ich bin mir sicher, dass die meisten genauso tolle Erfahrungen machen wie ich.

Aber zurück zur Geschichte. Auf den letzten Kilometern durch das Saarland fuhren wir über einen kleinen Bach und es sah paradiesisch aus. Links und rechts standen alte Buchen, im glasklaren Wasser wuchsen unzählige Wasserpflanzen und ein Eisvogel flog über die Wasseroberfläche.

Wir hielten also kurz an, damit Alfie reinspringen konnte. Nach dem Baden wälzt er sich sehr gerne am Boden, was er mit Genuss auch diesmal tat. Aber irgendetwas war anders als sonst: Er fing plötzlich panisch zu rennen an und flüchtete vor irgendetwas.

Ich hatte gerade die Kamera in der Hand und filmte, als Marion ihn zu fassen bekam. Es stellte sich heraus, dass er sich in einem Bodenwespennest gewälzt hatte. Die Dinger waren überall in seinem Fell. Da wurde dann auch Marion, die selten die Contenance verliert, leicht panisch und schrie mich an: »Kannst du endlich mal deine Kackkamera weglegen und mir helfen, der Hund stirbt gleich!«

Vor Schreck ließ ich fast die Kamera fallen und eilte umgehend zu Hilfe, um Wespen aus dem Fell zu pulen. Alfie hat glücklicherweise ein langes Fell. Die Wespen verfingen sich und konnten ihn so nicht stechen. Allerdings hatte er zwei Stiche ins Gesicht bekommen und innerhalb weniger Minuten schwoll seine Schnauze auf die doppelte Größe an.

Auch am nächsten Morgen war Alfies Gesicht noch immer dick und geschwollen und unser Hund noch leicht traumatisiert von dieser unerwarteten Insektenattacke. Das Erlebnis muss sich tief in seine Erinnerung eingebrannt haben. Früher nämlich hat er Fliegen mit Begeisterung gejagt, wenn wir eine in der Wohnung hatten. Wenn heute eine Fliege durch die Gegend schwirrt, verlässt er fluchtartig und sich vor Ekel schüttelnd den Raum und versteckt sich am liebsten irgendwo unter Tisch oder Bett. Da sag mal noch einer, dass Hunde alles vergessen und sich an nichts erinnern.

Neugierige Kuh am Wegesrand (oben)
Alfie genießt das große Abenteuer mit seinem Rudel (unten)

Radfahren zwischen Weinbergen

Die Nacht hatten wir in einer kleinen Pension in Homburg verbracht, noch im Saarland gelegen. Während Alfie dabei war, verzichteten wir aufs Zelten, da die Reise so schon genug Abenteuer für unseren Hund war.

Knapp 90 Kilometer lagen vor uns und wir waren am späten Vormittag aufgebrochen. Es hatte etwas abgekühlt und regnete leicht – eine willkommene Abwechslung nach den vielen heißen und sonnigen Tagen. Auch Alfie wirkte wesentlich agiler.

Rheinland-Pfalz ist bekannt für seine ausgezeichneten Weinbaugebiete. Insgesamt sind die rheinland-pfälzischen Winzer für mehr als 65 Prozent der in Deutschland hergestellten Weine verantwortlich. Um diesen besonderen Stellenwert des Weines zum Ausdruck zu bringen, befindet sich auf dem Landeswappen eine Volkskrone aus Weinblättern. Und so radelten wir die Hälfte des Tages durch nicht enden wollende Weinberge. Ende August hingen die Trauben bereits dick und schwer an den Reben.

Da es unser vorletzter gemeinsamer Tag war, zogen Marion und ich ein Fazit zum Reisen mit Hund. Obwohl wir beide zu Beginn etwas skeptisch waren, kamen wir einstimmig zu dem Ergebnis, dass es wunderbar funktioniert hat und wir Alfie jederzeit wieder auf eine Radtour mitnehmen würden. Auch für Alfie muss es eine unvergessliche Zeit gewesen sein. Wenn ich heute den Hundeanhänger aus dem Keller hole, steht der Hund mit leuchtenden Augen und schwanzwedelnd vor mir, nach dem Motto: »Geil, wo fahren wir diesmal hin?«

Ich kann nur empfehlen, den vierbeinigen Kumpel mitzunehmen, denn überall, wo wir anhielten, kamen wir sofort mit den Menschen ins Gespräch, die etwas über unser Reisetrio wissen wollten.

Am nächsten Tag überquerten wir bei Wörth am Rhein per Fähre den Fluss und ich war im letzten Bundesland meiner Reise angekommen.

Am Eibsee mit Blick auf die Zugspitze

Der Süden – wo ich aufwuchs und trotzdem Neues entdeckte

Zu Besuch in der Fächerstadt

Die Ankunft in Baden-Württemberg läutete zugleich den Endspurt ein: Von nun an waren es nur noch knapp drei Wochen bis zum Ende der Reise.

Als wir von der Fähre fuhren, erwartete uns bereits Christian Büttner vom ADFC Karlsruhe. Christian hatte für mich die nächsten zwei Tage organisiert und so strampelten wir gemeinsam die 20 Kilometer bis nach Karlsruhe. Die Strecke hatte es in sich, denn es ging durch die malerischen Rheinauen, die Anfang des Jahrtausends mit EU-Mitteln renaturiert wurden und heute Lebensraum für seltene Pflanzen und Tiere sind. Teilweise hatte ich das Gefühl, durch einen Urwald zu fahren.

In der Stadt angekommen, brachte ich Marion und Alfie erst einmal zum Bahnhof. Für die beiden ging es jetzt zurück nach München. Ich hatte erwartet, dass Alfie einen Aufstand machen würde, wenn sich das Rudel plötzlich trennt. Aber nein, er legte sich in den Zug und schlief sofort ein. »Muss wohl ganz schön anstrengend gewesen sein für ihn«, lachte ich amüsiert, bevor ich Marion einen Abschiedskuss gab.

Zusammen mit Christian ging es zum Schloss und hinauf auf den Schlossturm. Von hier oben gab es eine prima Aussicht. Ich konnte eindrucksvoll sehen, wie die Stadt aufgebaut ist: Karlsruhe erinnert an einen Fächer, in dessen Mitte das bekannte barocke Schloss aus dem 18. Jahrhundert steht. Vom Schloss aus führen 32 Straßen und Wege kerzengerade in alle Himmelsrichtungen.

Die Stadt entstand nicht zufällig so, sondern wurde vor rund 300 Jahren von Markgraf Karl Wilhelm genau so geplant, als er die Stadt gründete. Diese Architektur ist einzigartig in Deutschland. Mir fiel auch auf, wie viele Bäume von hier oben zu sehen waren. Sicher mit ein Grund, weshalb die Stadt auf Platz sechs der lebenswertesten Städte des Landes landete. Nach Münster ist sie jedenfalls die zweitfreundlichste Fahrradstadt.

Im Sommer laufen die Schlosslichtspiele in Karlsruhe und das wollte ich auf keinen Fall verpassen. Das Spektakel ist für sechs Wochen jeden Abend zu erleben und kostenlos. Die komplette Schlossfassade dient als Leinwand und mithilfe von zwölf Hochleistungsbeamern werden die verschiedensten Kunstinstallationen darauf projiziert. Die Videos mit 3-D-Effekten sind perfekt auf die Musik

Blick vom Karlsruher Schlossturm (oben)
Schlosslichtspiele Karlsruhe (unten)

abgestimmt. Das Ganze war eindrucksvoller als jedes Feuerwerk, das ich bisher gesehen habe.

Michael Obert, Bürgermeister der Stadt, lud mich zu sich ins Rathaus ein, um mir ein bisschen was über die Geschichte des Fahrrads zu erzählen. Denn der Erfinder des Ur-Fahrrads, Karl Freiherr von Drais, stammte aus Karlsruhe. Gut, mit vollem Namen hieß er Karl Friedrich Christian Ludwig Freiherr Drais von Sauerbronn, aber ich bleibe bei der Kurzform.

Karl von Drais erfand so einige Sachen: von einer Kochmaschine über eine Schnellschreibmaschine bis hin zur Notenschriftmaschine, die beim Klavierspielen zugleich die Noten aufschrieb. Seine bedeutendste Erfindung war aber sicherlich der Vorgänger des Fahrrads, die sogenannte Laufmaschine, auch bekannt als Draisine.

Eine solche Draisine steht heute noch im Rathaus von Karlsruhe. Michael Obert erklärte mir anhand des Ausstellungsstücks die Funktion:

»Dieses Fahrrad hat noch keine Kurbel, Tretlager oder Kette, aber es war das erste Zweiradsystem und damit im Grunde genommen das erste Gefährt, mit dem sich der Mensch aus eigener Kraft und ohne die Hilfe eines Zugtiers fortbewegen konnte. Im August 1817, also vor fast 200 Jahren, hat er die erste Fernfahrt unternommen, von Mannheim bis nach Kehl. Das waren immerhin 50 Kilometer mit einer Durchschnittsgeschwindigkeit von 15 km/h. Und es funktioniert so ein bisschen wie ein Kinderlaufrad heute. Man saß ähnlich wie heute auf einem Fahrrad und schob mit den Füßen am Boden an.«

Ich stellte mir vor, dass zwischen der Draisine und meinem Hightech-E-Bike, das draußen geparkt stand, gerade mal 199 Jahre lagen – eine spannende Entwicklung.

Michael berichtete auch zur persönlichen Geschichte Karl Drais'. In den Jahren 1848 und 1849 wurde dieser öfter, wenn er am Rathaus in Karlsruhe vorbeifuhr, von der Wache zu einem Schoppen eingeladen. Als Gegenleistung musste er auf seinem Fahrzeug die Treppe vor dem Portal hinunterfahren, wobei es regelmäßig zum sprichwörtlich gewordenen »Salto portale« kam. Am Ende des Lebens ging es mit Drais leider eher bergab, denn er verfiel dem Alkohol.

Karl von Drais liegt in Karlsruhe begraben und zusammen mit Christian vom ADFC besuchten wir noch sein Grab. Ich bedankte mich stillschweigend bei dem Mann für seine geniale Erfindung. Denn letztlich war sie es, die mich mittlerweile fast 60 000 Kilometer durch die Welt gebracht hatte.

Frank, der Weltenbummler aus Roßwag

Für die Nacht war ich von Frank Mannhardt eingeladen worden. Nach längerer Zeit hatte ich mal wieder eine Privatübernachtung. Christian empfahl mir, den Stromberg-Murrtal-Radweg entlangzuradeln, der direkt am Hauptbahnhof in Karlsruhe beginnt und Richtung Stuttgart führt.

Auf meiner Tour durch Deutschland schätzte ich es wirklich sehr, dass hierzulande eine gute Radinfrastruktur vorhanden ist: Insgesamt gibt es knapp 75 000 Kilometer Radfernwege. Mit ein bisschen Planung ist es möglich, durch das ganze Land zu fahren, ohne dabei ein Mal auf die Hauptstraße zu müssen. Das ist ein Luxus, den nur wenige Länder der Welt zu bieten haben. Ich war schon durch Länder wie Russland oder Kasachstan geradelt, wo es nicht einen einzigen Kilometer Radweg gibt – der Verkehr teilweise sogar lebensgefährlich ist. Deutschland hingegen hatte ich lange Zeit so gar nicht auf dem Schirm. Dabei ist Radfahren hier wunderbar sicher und macht zudem richtig viel Spaß.

Die Route führte mich durch hügelige Landschaften mit weiten Ausblicken mitten durch die Natur. Wie auf vielen anderen Radwegen auch, ging es meist fernab der Straße entlang und so wurde Radfahren wieder mal zum Erlebnis. Denn seien wir mal ehrlich: Wer fährt schon gerne neben einer lauten Bundesstraße und will den ganzen Tag Abgase einatmen.

Der Radweg leitet in Maulbronn mitten durch die Klosteranlage, welche UNESCO-Welterbestätte ist. Johannes Kepler, Friedrich Hölderlin und Hermann Hesse drückten hier die Schulbank. Ich traf mich mit Frank hoch oben auf einem Weinberg mit Blick hinab ins Tal nach Roßwag, wo er wohnt. Es folgte eine rasante Abfahrt durch die engen Wege der Weinberge hindurch und nach wenigen Minuten hatten wir Franks wunderschönes altes Bauernhaus erreicht. Ich bekam mein eigenes Zimmer mit Bad und WC.

Frank war selbst zweieinhalb Jahre mit dem Fahrrad in Nord- und Südamerika unterwegs gewesen und hatte dabei über 40 000 Kilometer zurückgelegt. In Argentinien hatte er seine heutige Frau kennengelernt, mit der er mittlerweile zwei Kinder hat. Da gab es selbstverständlich viel zu erzählen. Bis spät in die Nacht saßen wir mit dem einen oder anderen Bier vor seinem Haus und genossen die milde Sommernacht.

10 Degerloch
1002

Zu Gast bei entfernten Verwandten

Frank musste in die Arbeit, daher saßen wir bereits am frühen Morgen mit einem starken Kaffee am Frühstückstisch. Natürlich redeten wir wieder übers Reisen.

Den größten Kulturschock meines Lebens hatte ich, als ich nach meiner dreijährigen Weltreise zurück nach Deutschland kam. Ich verstand die Welt und die Probleme der Menschen hier überhaupt nicht mehr. Das Schlimmste aber war, dass ich darauf nicht vorbereitet war. Ich dachte, ich komme nach Hause und alles ist beim Alten. Was es auch war, im Prinzip hatte sich überhaupt nichts getan, nur man selbst verändert sich gerade als junger Mensch in drei Jahren sehr stark, während das Umfeld gleich bleibt.

Dieses Phänomen kennen viele, die für eine längere Zeit auf Reisen fort waren. So auch Frank, der sich nach der Rückkehr aber nicht nur mit dem Wiedereinleben schwertat, sondern auch bei der Jobsuche, wie er mir schilderte:

»Ich habe gedacht, ich komme zurück, bin ein super Typ und finde sofort wieder einen Job. Aber es war richtig schwierig. Hinzu kam, dass ich 2003 während der Finanzkrise auf Jobsuche ging, was die Sache nicht einfacher machte. Und ich arbeite in der Metallindustrie, da geht es eher konservativ und spießig zu, das kann man jetzt nicht mit Erlebnispädagoge, Lehrer oder Krankengymnast vergleichen. Die finden es alle toll, was ich da gemacht habe; aber alle hatten Angst, dass ich gleich wieder losfahre und die nächste Reise starte. Es war wirklich schwierig, etwas zu finden, und ich habe neun oder zehn Monate gesucht.«

Es war eine relativ kurze Etappe bis nach Stuttgart mit 55 Kilometern. Da mich meine nächsten Gastgeber erst am Nachmittag empfangen konnten, hatte ich noch etwas Zeit totzuschlagen. Frank hatte mir den Tipp mit auf den Weg gegeben, auf den Birkenkopf zu fahren. Auf dem Berg wurde der Schutt des Zweiten Weltkriegs abgelagert und es ist der höchste Punkt im inneren Stadtgebiet. Zu seinen Füßen erstreckt sich die 600 000 Einwohner zählende Landeshauptstadt.

Zusammen mit Christoph im Stuttgarter Umland (oben)
Fahrradmitnahme im VVS in Stuttgart (unten)

Oben packte ich meinen Gaskocher aus und kochte mir einen Kaffee. Zwei Stunden verbrachte ich, der eigentlich immer Hummeln im Hintern hat, einfach mal mit Nichtstun.

Christoph und Sandra Bazin wohnen im Herzen Stuttgarts in einem Haus von 1932, welches Sandras Urgroßeltern erbauten. Ich erkannte sofort, dass die beiden ein Faible für alte Sachen haben. Nicht ohne Stolz erklärte Christoph mir, dass sie viel selber machten. Sandra sei gelernt im Umgang mit der Nähmaschine und er selbst restauriere in seiner Freizeit gerne alte Möbel. Doch eigentlich arbeitet Christoph als Orthopädie-Techniker. Er ist geborener Franzose, lebt aber schon seit 30 Jahren in Stuttgart. Seinen sympathischen Akzent hat er sich erhalten.

Vor dem Abendessen machten Christoph und ich noch eine kleine Radtour durch den Rotwildpark im Westen der Stadt. Er ist über 500 Hektar groß und lädt zum Entspannen vom Stress der Stadt ein.

Schon bei meiner Fahrt nach Stuttgart war ich überrascht gewesen, wie grün es rund um die Stadt ist. Wir fuhren am Bärensee vorbei bis zum Bärenschlössle – früher ein Lustschloss, heute Restaurant mitten im Park, in dem auch Rehe, Wildschweine und Hirsche leben. Und die können durchaus zur Gefahr für Radfahrer werden, wie mir Christoph verklickerte, der bei jedem Wetter durch den Park in die Arbeit fährt:

»Besonders in den Wintermonaten, wenn es morgens noch dunkel ist, kann es auf dem Fahrrad gefährlich werden. Denn es kann sein, dass du einen Hirsch oder eine Wildschweinhorde aufscheuchst, und wenn du Pech hast, kreuzen sie direkt vor dir den Weg, da kann es zu Unfällen kommen. Einem Nachbar von mir ist das passiert, er ist mit einem Hirsch kollidiert, dabei hat das Geweih die Oberschenkelarterie getroffen und er wäre fast verblutet.«

Gut, dass Sommer war und wir bei Helligkeit durch den Park fuhren! Mein Magen fing zu knurren an und ich freute mich aufs Abendessen, das Sandra, die eine exzellente Köchin ist, in der Zwischenzeit zubereitet hatte.

Die Wahrscheinlichkeit, dass Sandra und ich bis zu irgendeinem Grad miteinander verwandt sind, ist relativ groß. Denn Sandras Mutter ist eine geborene Semsch und Sudetendeutsche wie meine Großeltern auch, die nach dem Krieg vertrieben wurden. Da der Nachname Semsch eher selten vorkommt, einigten wir uns darauf, dass wir sicherlich einen gemeinsamen Ururgroßvater hatten.

»Was es nicht alles gibt«, staunte ich, als Sandra erzählte, dass sie für einen Kehrwochendienst arbeitet. So etwas kennt man ausschließlich in Baden-Württemberg. Die Bewohner eines Mietshauses müssen zum Beispiel abwechselnd einmal die Woche kehren bzw. reinigen, dies beinhaltet alle gemeinschaftlichen Bereiche wie Treppenhaus oder Trottoir. Und im Winter muss Schnee geschippt werden. Diese Tätigkeit kann man gegen Gebühr abgeben und bei so einer Firma ist Sandra angestellt.

Der nächste Tag begann mit einem sonnigen Frühstück im Garten. Sandra und Christoph waren da bereits in der Arbeit und ich war einmal mehr begeistert, wie viel Vertrauen mir immer wieder entgegengebracht wurde.

Ich verbrachte den Tag damit, Stuttgart per Rad zu erkunden. Stuttgart weist innerhalb der Stadt – als einzige im ganzen Land – eine Höhendifferenz von 350 Metern auf und es geht in ihr entweder rauf oder runter. Über 400 Treppenanlagen gibt es, liebevoll »Stäffele« genannt. Die Querverbindungen zwischen den Straßen haben oft eine kunstvolle Architektur. Zusammengezählt sind alle Stäffele über 20 Kilometer lang.

An meinem zweiten Abend bei Christoph und Sandra gab es nach langer Zeit mal wieder Bartwurst vom Grill. Und zwar die arabische Merguez, die in Frankreich weiter verbreitet ist als hierzulande. Stark gewürzt mit Kreuzkümmel, Paprika, Knoblauch, Harissa und Pfeffer. Wer es ein bisschen schärfer mag, wird diese Wurst aus Lammfleisch lieben.

Eigentlich unfassbar, mit wie vielen unterschiedlichen Menschen ich auf dieser Reise schon an einem Tisch gesessen habe und wie in kürzester Zeit aus Fremden Freunde wurden. Im Verlauf der Reise hat sich nicht nur mein Bild von Deutschland geändert, sondern auch mein Bild der Deutschen an sich. Früher waren meine Landsmänner und Landsfrauen für mich eher dauerschlechtgelaunte, unfreundliche Spießer. Jetzt kann ich sagen, Deutsche sind in der Regel sehr hilfsbereit, gastfreundlich und es gibt unglaublich viele Leute, die einfach ziemlich cool drauf sind.

Hätte ich nur nicht auf ihn gehört

Der Hohenzollern-Radweg ist ein 189 Kilometer langer Radfernweg, der von Esslingen am Neckar bis an den Bodensee führt. Diesen wollte ich in drei Tagen erreichen. Bei perfektem Sonnenscheinwetter und angenehmen 28 Grad bin ich dabei gerade einmal vier Radfahrern begegnet. Sehr erstaunlich für mich, da der Radweg für mich persönlich eine der schönsten Strecken war.

Am ersten Tag ging es über viele, meist geteerte Waldwege, vorbei an Tübingen und bis ins malerische Rottenburg am Neckar. Dort gönnte ich mir ein kleines Abendessen in einer Gaststätte. Da ich unbedingt zelten wollte, fuhr ich noch einige Kilometer weiter und fand eine wunderschöne Lichtung neben einem kleinen Bach.

Bis ich mein Zelt aufgebaut hatte, war die Sonne schon lange hinter dem Horizont verschwunden und es dämmerte bereits. Als ich zwei Stunden später noch mal aufs Klo musste, aus dem Zelt kroch und nach oben schaute, traute ich meinen Augen kaum. Ringsum war es zappenduster, aber über mir funkelten die Sterne in einer Intensität und Dichte, wie ich es bisher nur im australischen Outback erlebt hatte, wo es keinerlei Lichtverschmutzung gibt. Sogar die Milchstraße konnte ich deutlich erkennen, ein Anblick, den ich als Großstadtmensch gar nicht gewohnt bin.

Ich holte sofort Kamera und Stativ aus dem Zelt und fing wie ein Irrer an, Fotos zu machen. Irgendwann schaute ich auf die Uhr – über zwei Stunden waren mittlerweile vergangen! Ich ging wieder zum Schlafen in mein Zelt zurück.

Max Hofer ist einer meiner ältesten Freunde aus München. Wir kennen uns seit fast 20 Jahren, haben in unserer Pubertät wilde Partys gefeiert und sind gemeinsam auf Reisen gegangen. Vor ein paar Jahren hat Max ebenfalls seine Vorliebe für das Radreisen entdeckt, allerdings hatten wir es bisher nicht geschafft, gemeinsam eine Tour zu unternehmen. Deshalb freute ich mich unglaublich, als er mir eine SMS schickte, er hätte spontan Zeit und würde gerne für vier Tage mitkommen.

Blick auf die Burg Hohenzollern bei Sonnenuntergang (oben)
Wenn der Weg endet, hilft nur noch Schieben und Tragen (unten)

Wir trafen uns in Hechingen in der Schwäbischen Alb. Für den Tag hatten sich auch noch Sarah Überall und Kai Haage, ein junges, nettes Pärchen aus Albstadt, angemeldet, und so waren wir zunächst zu viert unterwegs. Sarah und Kai hatten im Vorfeld eine Führung durch die Burg Hohenzollern organisiert. Auf der Herfahrt hatte ich diese bereits aus einiger Entfernung gesehen, da sie majestätisch auf dem Kegelberg thront.

Alle hatten natürlich ihre Fahrräder dabei. Sarah hatte sich extra für den Tag ein E-Bike ausgeliehen. Zu Beginn ging es erst einmal steil bergauf bis zum Besucherparkplatz. Hier konnten wir netterweise unser Gepäck in der kleinen Kabine des Parkplatzwächters abstellen. Die Räder sperrten wir ab und fuhren mit dem Bus zur Burg hoch. Noch so ein Ort, den ich bis dahin nicht besucht hatte.

Burg Hohenzollern ist die Stammburg des Fürstengeschlechts der Hohenzollern. In ihrer jetzigen, neugotischen Form wurde sie im 19. Jahrhundert von beiden Zweigen des Hauses Hohenzollern wiederhergestellt. Noch heute befindet sie sich in deren Privatbesitz.

Nach einer beeindruckenden Burgbesichtigung brachen wir auf zu einer Erkundungstour. Sarah und Kai hatten mir Fotos von einem Aussichtspunkt gezeigt – mit einem einmaligen Blick auf die Burg und die untergehende Sonne. Dorthin wollten wir.

Von der Burg aus war dieser Aussichtspunkt in vielleicht zwei Kilometer Luftlinie deutlich zu erkennen. Über die Straße wären wir bei langsamer Fahrt in 45 Minuten da gewesen. Mein Kumpel Max hatte aber keine Lust, auf der Straße zu fahren, und meinte, er suche uns einen Alternativweg querfeldein. Da er jahrelang bei den Pfadfindern gewesen sei, solle ich ihn einfach mal machen lassen.

Gegen 15 Uhr starteten wir von der Burg und der Weg war zu Beginn sehr gut zu befahren. Nach etwa zwei Kilometern endete er: Es lagen umgestürzte Bäume im Weg.

Die Richtung stimmte und wir waren uns sicher, schon sehr nah am Aussichtspunkt zu sein. Also fingen wir an, unsere vier Räder plus mein gesamtes Gepäck Stück für Stück zu tragen. Das Gelände war zwischenzeitlich so unwegsam, dass wir zu zweit je ein Fahrrad schleppen mussten. Zum einen sehr mühselig, zum andern eine schweißtreibende und anstrengende Angelegenheit.

Nach gut zwei Stunden wurden die Arme schwer, da hatten wir aber unserer Meinung nach bereits den »Point of no Return« erreicht. Soll heißen: Alles zurück hätte länger gedauert als einfach weitergehen. Meine Laune sank minütlich, da ich Sorge hatte, den Sonnenuntergang zu verpassen.

Wir schickten den Pfadfinder Max ohne Gepäck los, um auszukundschaften, wie lange es noch so weitergehen würde und wann wir endlich oben wären. 20 Minuten später war er wieder da und meinte, es sei nicht mehr weit, nur das letzte Stück könnte noch mal ein klein wenig schwierig werden.

Das war noch leicht untertrieben, denn es ging an einer steilen Felswand 15 Meter nach oben. Mit vereinten Kräften hievten wir jedes der vier Räder rauf und waren nach viereinhalb Stunden Schlepperei endlich oben angekommen.

Wir waren alle schweißgebadet und erledigt, durften aber keine Zeit verlieren, da es bereits Abend war und die Sonne allmählich unterging. Im Vollsprint ging es die letzten 500 Meter bis zum gut besuchten Aussichtspunkt. Zahlreiche Leute hatten es sich dort auf Picknickdecken oder mit einem Glas Wein gemütlich gemacht und genossen die Ruhe und Idylle.

Bis ich ankam, stand die Sonne schon sehr tief und war kurz davor, hinterm Horizont zu verschwinden. Es blieben zehn, maximal 15 Minuten Zeit. Ich fing also an, meinen drei Mitfahrern, die nach den letzten Stunden komplett k. o. waren und sich nur noch hinsetzen wollten, in einer ziemlichen Lautstärke Anweisungen zu geben. Mein Herumgebrülle heimste mir einige böse Blicke ein. Doch wenn es darum geht, ein gutes Foto zu machen, und die Zeit gegen einen läuft, vergesse ich gerne mal mein Umfeld und meine Manieren.

Wir schafften es dann auch, ein paar schicke Fotos zu machen, und erst als die Sonne verschwunden war, hatte ich Zeit, mich umzusehen. Einmalig wunderschön war es hier oben. Vor mir breitete sich die Schwäbische Alb aus und in der Mitte, sozusagen als Kirsche auf der Torte, lag die Burg, deren Fahnen im leichten Abendwind wehten. Zu viert saßen wir da und blickten stumm, aber glücklich in die Landschaft. In diesem Moment waren alle Strapazen vergessen.

Max' Schwiegereltern wohnen in Albstadt, nicht weit von der Burg Hohenzollern entfernt. Bei ihnen verbrachten wir die Nacht. Als wir ankamen, war es bereits dunkel und ich freute mich unendlich auf eine Dusche. Kaum war ich wieder aus dem Bad, bat mich Max, meine Klamotten vom Tag doch auf den Balkon zu hängen. Seine Schwiegereltern seien etwas geruchsempfindlich und meine Sachen stänken bestialisch. Das letzte Wort betonte er ganz besonders.

Die Schwäbische Alb und ein gigantischer See

Natürlich habe ich meine Klamotten gewaschen, wann immer es möglich war, aber bei einer Radtour ist man gezwungen, sich auf das Nötigste zu beschränken. In puncto Kleidung halte ich mich an die Dreier-Regel, soll heißen: maximal drei Stück. So reise ich meistens mit drei T-Shirts, drei Boxershorts und drei Paar Socken. Hinzu kommen ein dicker Pulli, ein bis zwei Hosen, bevorzugt Zip-Off, eine normale Jacke, eine Regenjacke und Regenhose.

Der nächste Morgen begann mit Muskelkater in den Armen und auch Max war vom Vortag gezeichnet. Wir brauchten daher ewig, bis wir auf den Rädern saßen. Rückblickend gehört die Schwäbische Alb für mich zu den schönsten Mittelgebirgen Deutschlands. Die Region ist gespickt mit tollen Radwegen – und einer wunderschönen Landschaft. Das Thermometer kletterte Ende August noch einmal auf weit über 30 Grad und es ging nur rauf und runter.

Der letzte Anstieg des Tages war, laut Hinweisschild am Fuße des Hügels, 18 Prozent steil. Ausnahmsweise verlief der Weg entlang der Straße. Max war mit seinem nicht motorisierten Trekkingrad unterwegs. Auf halber Strecke hörte ich ihn hinter mir brüllen: »Aus dem Weg, ich komme!«

Darüber war ich dann doch etwas erstaunt, da ich mir mit E-Bike schon schwertat, die Steigung zu bewältigen. Wie zum Teufel konnte er so schnell sein? Als er an mir vorbeizischte, wusste ich es. Denn er hielt sich, mit einem fetten Grinsen im Gesicht, an einem Mähdrescher fest und ließ sich nach oben ziehen.

Oben fanden wir per Zufall den perfekten Ort für die Nacht. Wir hatten ein kleines Plateau erreicht mit Blick über die Alb. Die Aussicht von unserem Campspot war so unglaublich schön, dass ich es kaum fassen konnte, mitten in Deutschland zu stehen. Je länger diese Reise dauerte, desto klarer wurde mir, wie faszinierend und facettenreich mein eigenes Land doch ist.

Wir begannen sofort, Holz zusammenzusuchen und ein Feuer zu starten. Ich glaube, es war der schönste Schlafplatz meiner

---

Zusammen mit Max am Lagerfeuer (oben)
Schlafen unter Sternenhimmel mit Max Hofer (unten)

VAUDE

Reise. Da es warm und trocken war, verzichteten wir darauf, das Zelt aufzubauen, und schliefen unter freiem Sternenhimmel.

Die ersten Sonnenstrahlen des Tages küssten uns wach. Okay – ich war wach, während Max noch in einem komaähnlichen Tiefschlaf lag. Es gibt für mich nichts Schöneres, als mitten in der Natur aufzuwachen, die Augen zu öffnen, die Sonne zu sehen, wie sie gerade aufgeht, und die Vögel zwitschern zu hören.

Wenn ich mit neuen Leuten ins Gespräch komme, sagen sie oft: »Oh, toll, so viel Zeit hätte ich auch gerne.« Aber ich habe nicht mehr Zeit als andere, mein Tag ist ebenfalls nur 24 Stunden lang. Es ist nur eine Frage der Priorität, was ich mit meiner Zeit anfange. Und eine Nacht draußen in der Natur schlafen kann wirklich jeder. Die meisten tun es nur nicht – obwohl es nichts kostet und sogar direkt vor der Haustür gemacht werden kann.

Es war nicht mehr weit bis zur Nordspitze des Bodensees. Nachdem wir am Vortag viel bergauf fuhren, ging es bis zum See fast nur bergab. Und auch der größte See des Landes ist eine einmalige Region. Bei einer Länge von 63 Kilometern misst er eine Fläche von 536 Quadratkilometern und ist damit so groß, dass er sogar das lokale Binnenklima beeinflusst. Ab Ludwigshafen fuhren wir auf dem Bodenseeradweg weiter, welcher auf 220 Kilometern einmal um den See und durch drei Länder führt.

Als der Bodensee vor uns auftauchte, glitzerte die Sonne im tiefen Blau und Max und ich hatten denselben Gedanken: ab ins Wasser. Ich glaube, ich bin nie zuvor im Bodensee geschwommen. Wir verbrachten den Mittag im Schatten eines Baumes am Ufer und fingen an, uns Gedanken zu machen, wo wir die Nacht verbringen könnten. Denn direkt am Seeufer gab es kaum eine Möglichkeit, wild zu zelten.

Um einen geeigneten Schlafplatz zu finden, verließen wir den Bodensee und fuhren ein Stück in Richtung Ravensburg. Wir fanden diesmal einfach keine geeignete Stelle und es wurde allmählich dunkel. Am Ende stand unser Zelt auf einer kleinen Wiese hinter einem Tennisheim. Es begann zu nieseln und die Mücken hatten uns zum Fressen gerne.

Im Vorfeld der Tour hatte ich zu Max gesagt, dass ich ein Zwei-Personen-Zelt dabeihabe und er kein eigenes mitnehmen müsste. Als wir dann zu zweit drinnen lagen, war es doch enger als gedacht und es herrschte eine subtropische Temperatur von gefühlt 60 Grad bei 95 Prozent Luftfeuchtigkeit. Wenn die Nacht zuvor die schönste Nacht der Reise war, war das eindeutig die schrecklichste.

Der Bodensee bei Sonnenuntergang

Zurück in der Heimat

Max verabschiedete sich mit den Worten: »Beim nächsten Mal nehme ich mein eigenes Zelt mit.« Ich blieb noch für zwei Nächte am Bodensee, denn es lief gerade die Eurobike in Friedrichshafen, eine der wichtigsten Fahrradmessen in Europa. Da wollte ich natürlich vorbeischauen.

Kurz vor Lindau am Bodensee überquerte ich schließlich die Landesgrenze und war nach über vier Monaten wieder zurück in Bayern. Für die nächsten Tage wollte ich auf dem Bodensee-Königssee-Radweg fahren, dem ich schon ganz zu Beginn meiner Reise ein Stück gefolgt war. Mir wurde klar, dass sich mein Streifzug durch Deutschland nun endgültig auf der Zielgeraden befand.

Während der gesamten Reise hatte ich meine Mitfahrer auch immer gefragt, was Heimat für sie bedeute und was für sie persönlich den Reiz ihrer Region ausmache. Die meisten antworteten, Heimat sei der Ort, wo man sein Zuhause hat, sich geborgen fühlt und Freunde und Familie um sich hat. Viele sagten, dass das Besondere nicht immer irgendwelche Rekorde brechen muss, es können auch Kleinigkeiten sein, die etwas außergewöhnlich machen. Und nicht wenige meiner Mitfahrer verrieten mir, egal, ob Stadt oder Land, ihre Region sei für sie die schönste der Welt.

Vielleicht auch deshalb habe ich erstmals in meinem Leben meine eigene Heimat mit ganz anderen Augen wahrgenommen. Denn bis zu dieser Reise verstand ich nicht, warum Leute um die halbe Welt fliegen, ihren Jahresurlaub opfern, um dann in Bayern rumzuhängen – obwohl sie doch auch auf Mauritius, in Mexiko oder Marokko unterwegs sein könnten.

Als ich nun am Alpenrand entlangradelte, in kristallklaren Bergseen schwamm und auf Schlösser und Burgen schaute, wurde mir richtig bewusst, wie einmalig diese Region ist. Nur weil ich sie schon von Kindesbeinen an kannte, war sie für mich Alltag und selbstverständlich. Ich begriff, dass gerade auch das Alpenvorland eine einmalige Landschaft und Kultur hat, die es so nicht noch einmal auf unserem Planeten zu sehen gibt.

Auf dem Weg nach Spielmannsau in den Alpen

Der südlichste Punkt der Reise

Nachdem ich auf Sylt am nördlichsten Punkt Deutschlands stand, hatte ich spontan die Idee, auch den südlichsten Punkt zu besuchen. Nach einer kurzen Internetrecherche fand ich heraus, dass dieser nur zu Fuß zu erreichen ist. Mindestens einen Tag würde es dauern. Diese Zeit hatte ich leider nicht mehr.

Beim Blick auf die Karte sah es so aus, als wäre Spielmannsau der südlichste Ort der Republik und es gab sogar eine kleine Pension, in die ich mich kurz entschlossen einbuchte. Wenn es schon nicht mit dem südlichsten Punkt klappte, dann wenigstens mit der südlichsten Ortschaft. So verließ ich bei Immenstadt den Radweg, um in Richtung Oberstdorf, dem bekannten Wander- und Wintersportort, zu fahren.

Es herrschte leichter Nieselregen und es hatte merklich abgekühlt. Eigentlich hatte ich meine Akkureichweite gut kalkuliert, denn es war ein langer Tag mit insgesamt 120 Kilometern – was ich ja eigentlich vermeiden wollte. Allerdings hatte ich nicht bedacht, dass es von Oberstdorf aus für die letzten zehn Kilometer nur bergauf geht und dabei einige Höhenmeter zu überwinden sind. Natürlich kann man mit einem E-Bike auch ohne Akku fahren. Nur: Nach 120 Kilometern möchtest du nicht die letzten drei bergauf mit 40 Kilo Gepäck ohne Unterstützung strampeln – was ich dann aber tat.

Spielmannsau besteht aus vier Häusern und es leben derzeit zehn Menschen hier oben. Als ich endlich ankam, war es schon fast dunkel. Beim Check-in vergewisserte ich mich beim Wirt: »Das ist doch hier der südlichste Ort Deutschlands, oder?«

»Leider nein. Wir sind der zweitsüdlichste, ganzjährig bewohnte Ort im Land. Im Nachbartal gibt es eine Ortschaft, die liegt noch zwei Kilometer weiter südlich. Diese 2000 Meter kosten uns viele Gäste im Jahr, da die meisten die südlichste Ortschaft besuchen wollen. Aber schön, dass Sie den Weg zu uns gefunden haben.«

»Mist, eigentlich wollte ich auch im Nachbartal landen«, dachte ich mir, sagte aber stattdessen: »Ist ja auch wunderschön hier.« Und das war es wirklich, trotz Regenwetter. Die Hütte wie auch die Umgebung waren sehr urig. Es fuhren keine Autos und so war außer dem Plätschern des Regens und ein paar Kuhglocken nichts

Der Plansee in Österreich (oben)
Die Trettach bei Spielmannsau (unten)

zu hören. Von meinem Balkon aus hatte ich einen perfekten Blick auf die saftig grünen Berge um mich herum. Von allen Seiten stürzten Wasserfälle in Richtung Tal.

Ich bin zwar Münchner, war aber schon als Kind oft in den Bergen. Bei dem Anblick und den Geräuschen hatte ich sofort das Gefühl, wieder zu Hause zu sein, und spürte zu meiner eigenen Überraschung eine tiefe Verbundenheit.

Es hatte die ganze Nacht über heftig geregnet und die Trettach, ein kleiner Bach, der in die Iller mündet, hatte sich in einen reißenden Fluss verwandelt. Ich fuhr wieder zurück nach Oberstdorf, somit ging es die ersten zehn Kilometer nur bergab. Es war die schönste Abfahrt auf meiner Reise. Nicht zu steil, sodass ich das Rad laufen lassen konnte und nicht bremsen musste, aber immer noch mit genug Gefälle, um ordentlich Geschwindigkeit zu machen. Und die Strecke führte durch dieses unglaubliche Bergpanorama. Ich wartete nur darauf, dass Heidi aus den Zeichentrickfilmen jeden Moment um die Ecke bog.

Im Gegensatz zum Vortag konnte ich diesmal auch etwas von den Bergen erkennen, die gestern noch von einer dicken Wolkendecke verdeckt waren. Als ich auf einer Brücke stand und die Iller flussaufwärts blickte, mit den Bergen im Hintergrund und Nadelbäumen links und rechts, dachte ich mir: Das könnte auch ein Tal in den Rocky Mountains oder in Alaska sein.

Mein Etappenziel für den Tag war Füssen. Nirgendwo ist die Landschaft königlicher, die Berge und Schlösser majestätischer und die Geschichten mystischer.

Hier in der Traumlandschaft ist der unsterbliche Märchenkönig noch immer präsent: König Ludwig II. Er kam am 25. August 1845 im Schloss Nymphenburg in München zur Welt, wuchs aber im Füssener Land auf. Hier verbrachte er die meisten Jahre seines Lebens und ließ ein Schloss wie aus einem Traum erbauen: das Schloss Neuschwanstein, das jedes Jahr Millionen von Touristen anzieht.

Das Schloss durfte auch für mich nicht fehlen. Ich wusste, dass es ein Besuchermagnet ist. Trotzdem bin ich mit meinem voll bepackten Reiserad hingefahren und war von den Menschenmassen, die sich den Berg in Richtung Schloss nach oben schoben, dann doch überrascht. Irgendwann konnte ich mein Fahrrad nur noch schieben und mich der Geschwindigkeit der Masse anpassen.
Auf halbem Weg nach oben gibt es einen wunderbaren Ausblick auf den Alpsee, den Schwansee und das Schloss Hohenschwangau. Königlich, dieser Ausblick.

Mit dem Bau des Schlosses wurde 1869 begonnen. Die Wünsche und Ansprüche Ludwigs II. wuchsen mit dem Bau ebenso wie die Ausgaben und die Entwürfe. Die Kostenvoranschläge mussten mehrfach überarbeitet werden. Der Bau sollte drei Jahre dauern, Ludwig II. konnte aber erst 1884 einziehen, und da glich das Schloss immer noch einer Großbaustelle. Bis zu seinem Tod, als er unter mysteriösen Umständen im Starnberger See ertrank, verbrachte Ludwig II. nur 172 Tage in seinem Märchenschloss.

Da ich mein Rad samt Gepäck nicht unbeaufsichtigt stehen lassen wollte, verzichtete ich auf eine Führung durch die Räume. Den besten Blick auf Neuschwanstein hat man von der Marienbrücke, die die Pöllatschlucht überspannt. Das weiß allerdings jeder und so schoben sich Tausende Touristen in Richtung Brücke. Sie durften dann einmal bis zum Ende laufen und wieder zurück. Es gab sogar Security, die für einen reibungslosen Fluss der Massen sorgte. So begab ich mich mit meiner Kamera kurz in den Menschenstrom, machte meine zwei Fotos und sah zu, dass ich so schnell wie möglich weiterkam. Bei großen Menschenansammlungen werde ich gerne etwas misanthropisch.

Mein nächstes Tagesziel war Garmisch-Partenkirchen, und es gab zwei Möglichkeiten, dort hinzukommen. Durch Deutschland zu fahren oder einen Abstecher durch Österreich zu machen. Ich entschied mich für die zweite Option, auch weil der Weg etwas kürzer war. Neuschwanstein liegt nur wenige Kilometer von der Grenze entfernt.

Ich hatte mir keinerlei Gedanken über die Strecke gemacht und war umso verblüffter, als ich unerwartet am Plansee stand, der inmitten der Tiroler Alpen liegt. Obwohl dieser See nur zwei Autostunden von München entfernt ist, war ich noch nie hier gewesen. Es war nicht viel los, trotz des schönen Spätsommertags. Ich folgte der Uferstraße und bog dann in einen Forstwirtschaftsweg, der sich an der deutsch-österreichischen Grenze entlangschlängelt. Kein Mensch war hier unterwegs. Es gab nur mich, mein Rad und diese grandiose Bergkulisse.

ACHTUNG!
Alpines Gelände
Abstieg nur für Bergsteiger
Absturzgefahr!

Höher geht's nicht

Am nächsten Morgen war ich sehr früh auf den Beinen. Ich wollte die erste Seilbahn des Tages nehmen, um auf Deutschlands höchstem Berg zu stehen – der Zugspitze. Mit 2962 Metern über dem Meer der höchste Punkt des Landes. Die Fahrt nach oben kostete zwar stolze 52 Euro, aber immerhin war die Runterfahrt im Preis inbegriffen. Die Seilbahn an sich ist schon faszinierend: Ich stieg auf knapp 1000 Metern ein und wenige Minuten später auf fast 3000 Metern wieder aus. Damit ist die Zugspitzseilbahn die höchste und längste Seilbahn der Welt.

Der Temperaturunterschied war enorm: Unten hatte ich mindestens 20 Grad gehabt, aber hier oben war es kalt, nur knapp über 5 Grad. So früh am Morgen stand die Sonne noch tief und es war kein Wölkchen am Himmel. Als ich dann das Alpenpanorama sah, blieb mir beinahe der Mund offen stehen: Die Aussicht war grandios, und das ist noch untertrieben. Gefühlt hatte ich 200 Kilometer Sicht und konnte bis Italien schauen. Wohin ich mich auch drehte und wendete, überall waren Felszacken und Eis bis an den Horizont und darüber nur der Himmel.

Mittags gönnte ich mir eine Bratwurst und ein Weißbier und konnte mich einfach nicht sattsehen. Der Mann am Bratwurststand erklärte mir dann auch, dass man bei so perfekter Sicht, wie sie an dem Tag herrschte, mehr als 400 Gipfel in Deutschland, Österreich, der Schweiz und in Italien erkennen kann. Beim Blick Richtung Norden war eindrucksvoll, wie die Alpen abrupt endeten und es ins flachere Alpenvorland überging.

Direkt unterhalb der Zugspitze liegt der Eibsee, eingebettet zwischen Wäldern und Bergen, und von oben waren auch die zahlreichen Inseln im See auszumachen. Der See hatte ein tiefes Blau, am Ufer und rund um die Inseln, wo das Wasser flach war, schimmerte es türkis. Es sah so herrlich aus, dass ich beschloss, den nächsten Tag an diesem See zu verbringen.

Aussicht von der Zugspitze (oben)
Zahnradbahn der Zugspitze (unten)

Die letzte Nacht im Zelt

Die meisten Touristen, die hier ankommen, steigen direkt in die Zugspitzbahn und fahren auf den Gipfel. Vielleicht werfen einige noch einen kurzen Blick auf den See, der direkt neben der Zugspitzbahn liegt, oder laufen ein paar Meter am Ufer entlang. Den acht Kilometer langen Rundweg um den Eibsee nutzt aber fast niemand, wie ich erfreut feststellte. Ich war mit meinem Rad samt Gepäck bereits auf halbem Weg um den See, als ich eine perfekte kleine Bucht inklusive Blick auf die Zugspitze fand.

Ich habe in den vorherigen viereinhalb Monaten Hunderte Seen in ganz Deutschland gesehen, der Eibsee war mit großem Abstand der schönste dieser Tour. Das Wasser ist kristallklar wie in der Karibik und schimmert in den verschiedensten Blautönen. Durch den langen Sommer war der See angenehm warm, sodass ich es einige Zeit im Wasser aushielt. Das war schon sehr nah dran am Paradies.

Bis zum frühen Nachmittag blieb ich in meiner kleinen Bucht. Aber dann wollte ich noch ein paar Kilometer schaffen und schwang mich aufs Rad, um einen weiteren See zu erreichen.

Nach gemütlichen 50 Kilometern kam ich am Walchensee an, vielleicht der zweitschönste See meiner Reise. Ich wollte noch einmal eine Nacht im Zelt verbringen und dafür hätte es keinen besseren Ort geben können. Mein Zelt schlug ich direkt am Ufer auf. Die wenigen Badegäste des Tages waren mittlerweile verschwunden und ich hatte den Platz ganz für mich allein. Bei den letzten Sonnenstrahlen ging ich noch eine Runde nackt schwimmen, bevor ich es mir vor meinem Zelt mit Blick auf den See gemütlich machte.

Wenn das Ende einer Reise zum Greifen nahe ist, werde ich immer etwas sentimental und blicke auf die vergangenen Wochen und Monate zurück. Ich kam zu der Erkenntnis, dass es eine unglaubliche Reise war, auf der ich viele tolle Menschen kennenlernen durfte. Sie war ein Abenteuer. Genauso ein Abenteuer, wie nach Singapur zu radeln oder einmal rund um Australien. Das war für mich die größte Lektion: Abenteuer bedeutet nicht, bis ans Ende der Welt zu reisen, sondern Abenteuer liegen auch vor der eigenen Haustür. Denn Reisen heißt, unbekannte Dinge zu entdecken und zu erleben und dabei neue Leute kennenzulernen. Und das klappt auch wunderbar im eigenen Land.

Letzte Nacht im Zelt am Walchensee (oben)
Der Eibsee unterhalb der Zugspitze (unten)

Wieder dahoam

Die letzte Etappe führte von Bad Tölz nach München. Insgesamt zu neunt waren wir auf dieser Strecke unterwegs. Marion und Alfie, mein Bruder, seine Frau und einige Freunde waren mit dem Zug gekommen, um mit mir 60 Kilometer auf dem Isarradweg bis nach München zu fahren.

Immer öfter sah ich nun Schilder, die den Weg Richtung München anzeigten. Erst 45, dann 32, 17 und 12 Kilometer, bis mich schließlich das gelbe Schild mit der Aufschrift »München« begrüßte.

Nach 187 Reisetagen und 7561 Kilometern stand ich um 13:28 Uhr am Münchner Marienplatz und war einmal durch alle 16 Bundesländer und ganz Deutschland gefahren. Wobei ganz Deutschland gar nicht stimmt. Da es hierzulande insgesamt 75 000 Kilometer Radfernwege gibt, bin ich mit meinen 7500 Kilometern gerade einmal zehn Prozent abgefahren und 90 Prozent habe ich noch nicht gesehen. Bei dieser Zahl wurde mir sofort klar, dass ich in den nächsten Jahren noch einiges vor mir habe.

Rückblickend weiß ich, dass Deutschland wirklich jedem etwas bietet, egal, ob Kultur oder Natur, egal, ob Zelt oder Fünf-Sterne-Hotel. Jeder wird hier sein persönliches Abenteuer, passend zum eigenen Geldbeutel und den eigenen Interessen, finden.

Um das Abenteuer auch nach der Reise zu pflegen, unternehme ich mittlerweile einmal im Monat etwas im Umkreis von 99 Kilometern meiner Wohnung. Dann besuche ich Orte und Sehenswürdigkeiten, die ich bisher noch nicht gesehen habe. Das kann alles sein, vom Museumsbesuch bis hin zur Wanderung auf eine Berghütte. Zu diesem Zweck habe ich mir sogar eine entsprechende Liste zusammengestellt. Sie ist so lang geworden, dass ich noch exakt 112 Jahre brauchen würde, bis ich alles kennengelernt und erlebt hätte – vorausgesetzt, ich würde die Geschwindigkeit, einen Punkt pro Monat »abzuarbeiten«, beibehalten. Und vorausgesetzt, ich ziehe nicht um.

Für euch funktioniert das auch, liebe Leserinnen und Leser, denn ich bin mir sicher, dass es bei euch noch jede Menge zu erkunden gibt. Ich kann euch nur ans Herz legen, eure Heimat etwas näher kennenzulernen, denn Deutschland gehört für mich zu den schönsten, abwechslungsreichsten und spannendsten Reisezielen, die ich bisher besucht habe. Und am besten fährt man natürlich mit dem Fahrrad!

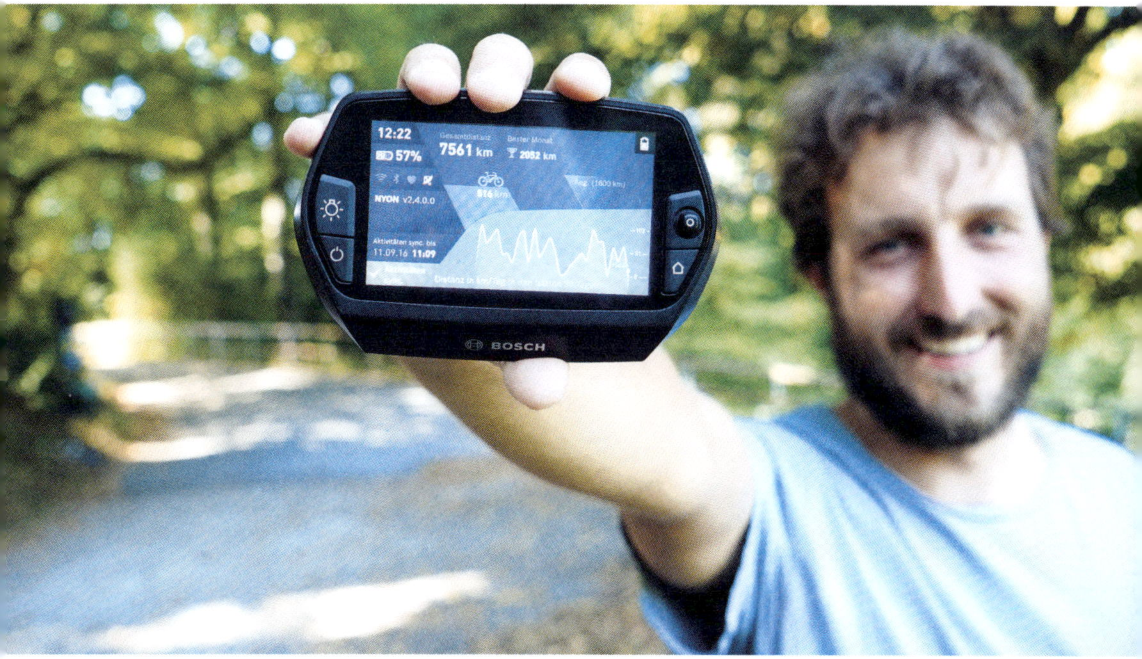

Tour beendet nach 7.561 km (oben)
Letzte Etappe über den Isarradweg nach München (unten)

Impressum

Maximilian Semsch Seit mehr als 10 Jahren ist der Reisefotograf und Filmemacher mit seiner Kamera in der Welt unterwegs – bevorzugt mit dem Fahrrad, um Land und Leute besser kennenzulernen. Für seine Filme und Live-Vorträge hat er mehrere Preise erhalten, u. a. den Bayrischen Nachwuchsfilmpreis. Wenn er nicht unterwegs ist, lebt er zusammen mit seiner Frau Marion in Brandenburg an der Havel. Weitere Informationen zu Maximilian und seinen Projekten finden Sie unter www.what-a-trip.de

Verantwortlich: Johannes Abdullahi
Redaktion: Michaela Zelfel
Satz: BUCHFLINK Rüdiger Wagner
Kartografie: Thomas Vogelmann
Umschlaggestaltung: Ralph Hellberg
Herstellung: Alexander Knoll
Repro: LUDWIG:media
Printed in Slovenia by Florjancic Tisk

★★★★★

Sind Sie mit diesem Titel zufrieden? Dann würden wir uns über Ihre Weiterempfehlung freuen. Erzählen Sie es im Freundeskreis, berichten Sie Ihrem Buchhändler, oder bewerten Sie bei Ihrem nächsten Onlinekauf. Und wenn Sie Kritik, Korrekturen oder Aktualisierungen haben, freuen wir uns über Ihre Nachricht an Bruckmann Verlag, Postfach 40 02 09, D-80702 München oder per E-Mail an lektorat@verlagshaus.de

Unser komplettes Buchprogramm finden Sie unter: www.bruckmann.de

Bildnachweis: Alle Bilder stammen vom Autor.
Grafiken: Speichenrad von shutterstock/ArtMari; Reifenspuren von shutterstock/Miloje

Cover: Seite 2–3: Unterwegs in Baden-Württemberg auf dem Weg nach Stuttgart

Die Deutsche Nationalbibliothek verzeichnet diese Publikation in der Deutschen Nationalbibliografie; detaillierte bibliografische Daten sind im Internet über http://dnb.d-nb.de abrufbar.

ISBN 978-3-7343-1345-5

Sylt
Norderney
Wilhelmshaven
Bremen
Fulda
Duisburg
Dortmund
Düsseldorf
Aachen
Köln